Les Prophéties de Sanctus Germanus

Tome 2

Le rôle du porteur de lumière pendant les changements terrestres et la reconstruction après 2012

Michael P. Mau PhD
L'Amanuensis

La Fondation Sanctus Germanus
www.sanctusgermanus.net

www.sanctusgermanusbooks.com

Données de catalogage avant publication – Bibliothèque et Archives Nationales du Canada
Mau, Michael P.
Les Prophéties de Sanctus Germanus Tome 2: Le rôle du porteur de lumière pendant les changements terrestres et la reconstruction après 2012 / par Michael P. Mau. – 1ᵉʳᵉ édition
ISBN 978-0-9784835-8-6
1. Vingt-et-unième siècle – Prévisions. 2. Mouvement du Nouvel Âge d'Or.
I. Fondation Sanctus Germanus. II. Titre.
CB161.M37 2004   303.49'09'05
C2004-907016-9

Traduction de l'anglais par Réjean Légaré. Révision de texte, Micheline Ralet
La Fondation Sanctus Germanus
Division de l'Édition
Alberta, Canada

Remerciements

Je souhaite remercier les Maîtres Himalayens qui travaillèrent si patiemment avec moi au cours des heures précédant l'aube pour transmettre leurs idées qui emplissent le texte de ce livre. À chaque session je mis par écrit leurs idées aussi bien que je le pouvais. Mais même lorsque je ne saisissais pas tout à fait parfaitement leurs idées, ils organisèrent patiemment une foule de moyens pour m'en faire parvenir la signification correcte, y compris en m'envoyant dans les Himalayas pour y faire davantage de méditation et y recevoir des conseils. Il aurait été plus facile de les laisser parler à travers moi pendant une transe légère et de l'enregistrer, mais ils insistèrent pour que j'engage mon esprit dans cette oeuvre, me donnant des indices et me laissant chercher les réponses, le tout dans l'esprit d'encourager la pratique de l'*Amanuensis* conscient dont Alice A. Bailey fut la pionnière au vingtième siècle.

Ma gratitude s'étend à Micheline Ralet de Montréal, Canada pour son aide diligente dans la révision et l'édition du texte final, et à Matthew Thompson d'Auckland, Nouvelle Zélande, pour ses rendus artistiques des schémas 1 à 4.

Michael P. Mau
L'Amanuensis
Novembre 2006

Message de Sanctus Germanus

Celui qui est spirituellement éclairé prend une route alors que les autres en prennent une autre. Mais le long de chaque route se trouve un point où les deux routes se croisent. Voici le point critique, car choisirez-vous la bonne orientation pour rejoindre les illuminés ou continuerez-vous sur la même route jusqu'à ce que vous rencontriez une autre intersection? Oui, ces deux routes se croisent périodiquement, et à chaque intersection vous avez un choix. Si tel est le cas, pourquoi se ruer vers l'illumination, demandez-vous?

En réalité, il n'y a pas d'urgence. Prenez votre temps. Cependant, nous nous trouvons aujourd'hui dans une conjoncture sans précédent où les opportunités abondent — la Terre a pris Sa décision de poursuivre Son évolution, et les Forces Cosmiques préparent la voie. Vous n'êtes pas obligés de La suivre, ce qui signifie que vous pouvez vous mettre à la recherche d'une autre galaxie et trouver une planète qui correspond adéquatement à votre niveau d'évolution, où la vie est confortable et où ceux qui se ressemblent s'attirent mutuellement. Ah! Être parmi ceux qui partagent tant de points communs! C'est là l'alternative confortable, mes amis.

Quant à ceux qui veulent partager la route avec la Terre dans son aventure vers une dimension plus élevée, tenez-vous bien, parce que vous participerez à une aventure passionnante! Là, de l'autre côté d'Oz, se trouve la terre longtemps promise de l'Ère Dorée, et même si le chemin pour s'y rendre n'est pas confortable, les récompenses seront d'autant plus grandes une fois arrivés, car vous vous serez aussi déplacés dans une nouvelle dimension de promesses vers votre ascension.

Ainsi, mes amis, c'est seulement une question de choix, n'est-ce pas? Et quel beau choix! Mais quelle que soit la route que vous choisirez, il y aura toujours d'autres intersections où il y aura un choix à faire, jusqu'à ce que votre aventure puisse se poursuivre main dans la main avec les illuminés.

Sanctus Germanus

Table des Matières

Liste des Illustrations

Prologue

Pour ceux qui souhaitent ardemment voir un monde meilleur, ce sont des temps d'opportunités sans précédents. Pour ceux qui prospèrent dans le monde alors qu'il s'embourbe aujourd'hui, ce sont des temps de misère et de destruction. Au cours de ces temps, tout ce qui ne sert pas l'humanité sera balayé, tandis que tout ce qui promet d'être utile sera préservé pour la naissance d'un Nouvel Âge d'Or.

Ce sont aussi des temps de choix très clairs, alors que le bon et le mauvais affichent leurs vraies couleurs. Ce sont des temps où le déroulement des évènements surprendra l'ignorant tout en ravissant l'illuminé. L'ancien fait place au nouveau.

Comme un train de marchandises avançant à toute vitesse sur sa voie, rien ne peut arrêter la naissance du Nouvel Âge d'Or, car son temps est venu tel qu'il est inscrit dans le plan Divin. Nous devons tous en venir à réaliser que nous sommes maintenant à la fin d'un cycle cosmique majeur qui débuta il y a des centaines de milliers d'années. L'horloge sonne minuit; la finale a débuté. Ceux qui lisent ce livre connaîtront les

bouleversements des étapes initiales de la finale
au fur et à mesure que le momentum augmente de
crise en crise et touche nos vies quotidiennes. Les
choix n'auront jamais été aussi clairs.

Les prédictions que nous avons présentées dans
Les Prophéties de Sanctus Germanus, Tome 1 sont
en train de se réaliser. La Terre a pénétré la
ceinture de photons. Les vibrations plus élevées
accélèrent constamment le temps, causant une
folie largement répandue, mettant à l'épreuve les
psychés de tous et de chacun d'entre nous. Une
crise financière et économique majeure se répand
en sourdine alors que les Forces des Ténèbres
perdent graduellement leur emprise sur un régime
mondial fondé sur l'argent et la guerre. Et avant
leur sortie finale, une autre guerre mondiale
mijote alors que ces Forces des Ténèbres
encaissent les profits de leurs dernières immenses
sources d'argent, *la mort et les armes.* Elles ont
l'intention d'entraîner le monde entier dans leur
effondrement lorsqu'elles seront forcées de quitter
la planète.

Afin d'aider l'humanité au cours de ces temps
troublés, des centaines de milliers de luminaires
du passé de la Terre ont été amenés par notre
Hiérarchie Spirituelle planétaire à se réincarner
depuis les années 1940. Au cours de plusieurs de
leurs incarnations précédentes, ces âmes ont
grandement contribué à l'évolution de l'humanité
dans différents domaines, tel que la musique, les
beaux arts, la science, la pensée religieuse,
l'économie et la politique. Dans ce livre, nous les
nommerons *porteurs de lumière,* car ils forment

aussi l'Armée de la Lumière dont le but est de contrer les Forces des Ténèbres. Par arrangement préalable, ils se sont incarné à travers le monde et représentent toutes les races, les cultures, les champs d'activité et les religions. Ils serviront de conduits de lumière afin de soulager la souffrance humaine, guider vers la sécurité ceux qui souhaitent survivre aux catastrophes futures, et semer les graines de la société de transition qui mènera l'humanité vers le Nouvel Âge d'Or.

Des renforts et des réserves, sous la forme de la nouvelle race-racine, la Sixième Race-Racine, se sont incarnés sur Terre en nombre croissant au cours des dernières décennies. Leur constitution naturelle leur permet de voir et de fonctionner sur d'autres plans de notre existence, c'est-à-dire les plans éthérique, astral et mental. La manière dont leurs talents naturels sont utilisés pour la réalisation du Plan Divin représente un défi au milieu du chaos. Reconnaître et prendre soin des enfants de la Sixième Race-Racine repose entre les mains des porteurs de lumière.

De plus, des âmes avancées provenant d'évolutions planétaires plus élevées que celle de la Terre se sont incarnées, amenant avec leur âme une connaissance qui aidera à la construction du Nouvel Âge d'Or. Ceux-ci sont des extra-terrestres amicaux que la Hiérarchie Spirituelle planétaire a invités sur Terre pour aider l'humanité à passer à travers la transition. Ils sont ici pour travailler main dans la main avec les forces de la lumière.

Et pour finir, la Hiérarchie Spirituelle elle-même est une formidable force de Lumière. Elle a commencé à s'extérioriser sur le plan terrestre. Des milliers de Maîtres et d'initiés avancés de leurs ashrams respectifs concentrent toutes leurs énergies en direction de la Terre pour aider l'humanité à passer à travers la transition. Ils représentent le Logos Planétaire sur le plan terrestre. Ils se manifesteront physiquement à des moments-clé pour mener à bien des tâches déjà planifiées ou ils apparaîtront aux clairvoyants pour les guider et les conseiller. Ils nous serviront de points de référence ultimes dans les temps de chaos.

Maintenant que se déroule la bataille entre la Lumière et les Ténèbres, les changements terrestres ont débuté sous forme d'inondations, de tremblements de terre et de déplacements des terres. Cosmiquement, la chronologie de ces changements a déjà été établie. Ce que nous faisons sur Terre n'arrêtera pas leur déroulement. Quiconque survivra à la bataille entre la Lumière et les Ténèbres fera face à des défis encore plus grands, car tout juste alors que nous respirerons de nouveau librement, libérés de l'emprise des Forces des Ténèbres, nous verrons des désastres naturels massifs détruire la plupart des villes et des régions habitées majeures. Plusieurs porteurs de lumière pourront alors abandonner, mais ceux qui choisiront de poursuivre le combat mèneront les survivants vers certaines Régions Spirituelles et débuteront leur VRAIE mission: la reconstruction de la société sur des fondations plus fermes.

Dans ce livre nous nous concentrerons sur l'Armée des Porteurs de Lumière, à savoir, qui sont-ils et quelle est leur mission. Plusieurs d'entre vous, naturellement attirés vers ce livre, êtes des porteurs de lumière. Nous 1) explorerons le rôle du porteur de lumière dans l'agitation économique, financière et guerrière actuelle, 2) définirons le rôle prévu pour le porteur de lumière lorsque la Terre changera et que les catastrophes naturelles frapperont, 3) projèterons leur rôle dans la mise en place des Régions Spirituelles destinées aux survivants des changements terrestres et 4) offrirons des conseils d'entraînement pour préparer dès maintenant les porteurs de lumière à rencontrer les défis à venir.

Notre objectif est d'informer, et non d'argumenter ou de convaincre. Comme dans le premier tome des *Prophéties de Sanctus Germanus*, publié il y a quatre ans, notre intention est de vous présenter une panoplie d'informations, de prévisions, de visions, et de concepts ésotériques pertinents à notre époque — une matière à réflexion, comme nous aimons l'appeler. À vous de choisir ce que vous voulez croire ou rejeter. Ultimement, le déroulement des évènements donnera l'heure juste et deviendra fait historique. Comme l'implique le message de Sanctus Germanus, ce que vous déciderez de faire ou de ne pas faire au cours de la prochaine décennie est tout simplement une question de choix.

Michael P. Mau
L'Amanuensis
Montréal, Canada
Novembre 2006

CHAPITRE 1

Le rythme de l'évolution vers l'Âge d'Or

« Rien dans la nature ne vient soudainement à
l'existence, tout étant assujetti à la même loi d'évolution
graduelle. »[1] El Morya

Nous venons tout juste d'entrer dans un cycle
qui nous mènera éventuellement dans un nouvel
Âge d'Or de paix et d'illumination au sein duquel
les trois Sentiers majeurs d'Évolution sur la Terre
— les Royaumes Élémental, Humain et Angélique
— se donneront à nouveau la main. L'humanité
marchera avec les anges, les séraphins et les
chérubins et bénéficiera de leur éclat et de leur
pureté. Nous en viendrons aussi à interagir avec
le monde incroyable des élémentaux, qui donnent
forme aux objets, fleurs, arbres, lacs et montagnes
et précipitent nos besoins et nos désirs.

Alors que nous nous engageons dans ce cycle,
les entraves qui ont enchaîné l'humanité pendant

---

[1] Traduction du texte original: Sinnett, A.P, *The Mahatma
Letters to A.P. Sinnett*, Adyar, India: Theosophical Publishing
House, Lettre No. 14.

des siècles, telles que le contrôle par les
gouvernements, les états-nations, les médias de
masse, les banques et autres entités financières,
les bellicistes, toutes cesseront d'exister. Par ordre
spécial du Maître Sanctus Germanus, la racine
même des causes de l'emprisonnement de
l'humanité dans ce régime — les Forces des
Ténèbres — sera rejetée de la planète, et
l'humanité pourra redécouvrir ce qu'est la vraie
liberté; prendre de l'expansion, croître et
prospérer.

Au cours de son évolution de plusieurs millions
d'années, la Terre a fait face à des conjonctures
similaires en un nombre incalculable d'occasions.
La dernière fois que l'histoire contient la mention
d'un tel évènement, la civilisation atlante dût
faire face à des choix, des choix pas tout à fait
différents de ceux que nous rencontrerons
prochainement, avant qu'elle ne soit engloutie
dans l'océan Atlantique. Bien que Hollywood
dépeigne souvent un désastre s'étant produit du
jour au lendemain, on nous dit qu'au contraire,
l'engloutissement de l'Atlantide s'étendit en fait
sur 700 000 années. Ainsi, alors que nous
discutons des changements terrestres des
décennies à venir, nous devons garder à l'esprit
que ces changements débutèrent il y a de cela des
siècles et suivent la loi de l'évolution graduelle.[2]
Le fait que nous ne soyons devenus conscients de
ceux-ci que récemment ne signifie pas que notre
monde implosera ou explosera d'un jour à l'autre.

---

[2] Ibid.

24

Nous ne faisons pas face à la fin du monde comme le soutiennent certaines sinistres prédictions. La population de la Terre sera plutôt significativement réduite, et les millions de survivants des changements à venir se verront offrir une deuxième chance de rectifier les erreurs du passé. Comme nous l'expliquons plus bas, nous concluons un cycle de moindre importance au sein d'un cycle plus grand de l'évolution de la Terre. D'un point de vue cosmique, cette situation est considérée seulement comme une période mineure de destruction et de nettoyage, un Pralaya Mineur, peu importe notre perspective.

Où en sommes-nous aujourd'hui?

Il y a plus de cent ans, Helena P. Blavatsky et Henry Steel Olcott fondèrent la Société Théosophique sous la direction des Maîtres El Morya et Kuthumi. Un des desseins de la Société était d'annoncer tant à l'est qu'à l'ouest la clôture de l'Âge des Poissons et la venue du Nouvel Âge d'Or du Verseau, un processus qui avait débuté dans les années 1600. C'est pour cette raison que Madame Blavatsky est souvent appelée la Mère du Nouvel Âge.

Le Grand Cycle de l'involution et de l'évolution[3]

Dans les années 1880, dans une série de lettres précipitées connues sous le nom de *Mahatma Letters to A.P. Sinnett,* les Maîtres Kuthumi et El Morya révélèrent à la Société Théosophique un

---

[3] Ibid.

25

schéma simple qui illustre le plan évolutionnaire pour la monade[4] — passant de l'état d'esprit informe jusqu'à l'état d'être humain, et ensuite de retour à l'informe. Ce plan implique des millions d'années divisées en sept Rondes, chaque Ronde étant divisée en sept sous-rondes, chaque sous-ronde étant à son tour divisée en sept cycles.

Les sept Rondes du Plan Évolutionnaire

Dans le schéma 1, ci-dessous, le Grand Cycle est divisé en sept Rondes. La monade débute dans la Ronde I, et « descend » ensuite graduellement vers le bas au cours des Rondes II, III, et IV, avant de remonter, de faire l' « ascension » du Cycle au cours des Rondes V à VII. À la fin du Grand Cycle la monade retrouve son état informe mais est dotée de beaucoup plus de sagesse, ayant passé des millions d'années au sein de cette gigantesque école.

Chaque Ronde dure environ 2,5 milliards d'années et son accomplissement implique une planète différente. Par exemple, pendant la Ronde IV, c'est à la Terre d'être hôte de la monade. Pendant la Ronde V, ce sera le tour de Vénus, et ainsi de suite. Après plusieurs millions d'années, la Terre complètera la ronde IV et s'auto-détruira. La même chose est vraie de Vénus lorsqu'elle aura

---

[4] La monade est cette étincelle immortelle de Dieu, qui transporte l'unicité et l'unité du Créateur mais s'incarne néanmoins dans les royaumes animal et humain, apparaissant ainsi séparée. Ceci forme le paradoxe de l'illusion, car profondément au sein de l'être incarné se trouve l'étincelle de l'unité.

complété la Ronde V. Après chaque auto-destruction, la monade attendra dans les limbes avant de s'« embarquer » sur une nouvelle planète pour la Ronde suivante.

Lorsque la monade s'« embarqua » sur la Terre, elle créa aussi sa première forme, qu'on nomme l'âme, le corps causal, ou le Soi Supérieur[5]. Le corps causal plongea ensuite plus profondément dans la matière dense pour former les corps mental, astral et éthérique des êtres humains avant que sa descente prenne finalement fin dans le corps physique.

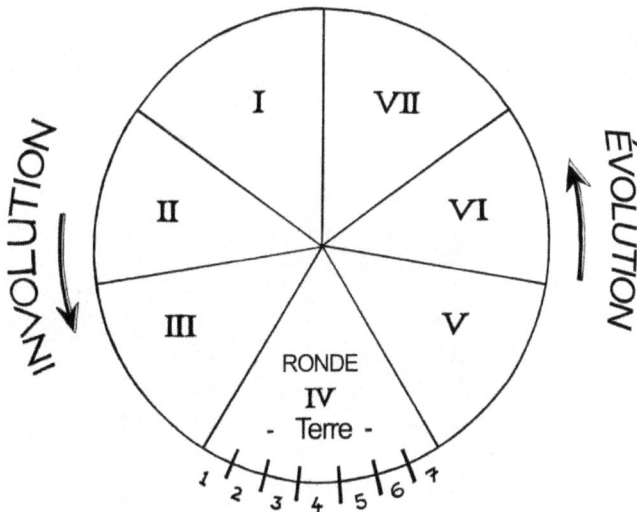

Schema 1 : La longue aventure de la monade au cours de sept Rondes.[8]

---

[5] Dorénavant, nous utiliserons indifféremment les trois termes.

27

Le Maître El Morya décrit comme suit l'aventure de la monade au cours des sept Rondes:

La 1ère Ronde — La Monade est un être éthéré — non-intelligent, mais super-spirituel. Pendant le processus de son évolution, elle deviendra de plus en plus un être encapsulé ou incarné, mais principalement éthéré. Au cours de cette ronde, elle développe des corps monstrueux correspondant grossièrement à ses entourages, comme le font les animaux et les végétaux.

La 2ème Ronde — (Après une période de pralaya,) la monade atterrit sur une nouvelle planète. Sa forme est toujours gigantesque et éthérée, mais devient plus ferme et plus condensée dans un corps — un homme davantage physique, mais néanmoins toujours plus spirituel qu'intelligent. Le développement de la matière mentale est plus lent et plus difficile que le développement de la charpente physique.

La 3ème Ronde — Encore sur une nouvelle planète, la monade est maintenant encapsulée dans une sorte de corps concret ou compacté; en premier la forme d'un singe géant, et plus intelligent (ou plutôt astucieux) que spirituel. Car sur l'arc descendant du Grand Cycle, il a maintenant atteint le point où sa spiritualité primordiale est éclipsée ou obscurcie par sa mentalité naissante. Au cours de la dernière moitié de cette troisième ronde, sa stature gigantesque diminue, la texture de son corps s'améliore et il devient un être plus rationnel — néanmoins toujours plus un singe qu'un homme déva.

La 4ème Ronde et la Planète Terre — L'intellect se développe énormément dans cette ronde. Les races sur Terre font l'acquisition de la parole humaine. Le langage est perfectionné et la connaissance des objets physiques augmente. Dans la première moitié de la Ronde IV, les sciences, les beaux-arts, la littérature et la philosophie naissent dans une civilisation et renaissent dans une autre, la civilisation et le développement intellectuel se déroulant cycle après cycle. Au milieu de la Ronde IV, l'humanité fourmille en activités intellectuelles, mais ses activités spirituelles diminuent. Au cours de la seconde moitié de la Ronde IV, l'Égo spirituel entamera sa lutte réelle avec le corps et le mental pour pouvoir manifester ses pouvoirs transcendantaux.

5ème **Ronde** — Le même développement relatif, et la même lutte continuent.

6ième **Ronde**

7ième **Ronde**

De celles-ci nous ne parlons pas.[6]

La Ronde IV et la Terre

Concentrons-nous maintenant sur la Ronde IV, qui est aujourd'hui notre principale préoccupation. Comme les autres Rondes, elle est divisée en sept sous-rondes. Lorsque la monade, avec son corps causal, passa à travers les sous-rondes, elle commença à prendre progressivement des formes humanoïdes plus raffinées, de l'homme des cavernes jusqu'aux corps raffinés dotés d'intellect que nous avons aujourd'hui.

Nous complétons actuellement la Quatrième Sous-Ronde de la Ronde IV (voyez la flèche dans

---

[6] Ibid., Notes Supplémentaires (édition mineure par l'auteur).

le schéma 2, ci-bas), qui est au plus bas du Grand Cycle et représente la forme matérielle la plus dense que la monade aura à expérimenter. En d'autres termes, **nous avons atteint le point le plus bas du Grand Cycle et à partir de maintenant, nous ne pouvons que MONTER!** C'est pourquoi tant de groupes spirituels parlent actuellement de l'Ascension; nous avons atteint le point tournant et le début de la remontée.

L'humanité demeurera sur Terre jusqu'à ce que nous ayons complété les trois dernières sous-rondes de la Ronde IV. À ce moment, nous aurons mis de côté nos corps physiques en faveur de corps éthériques. À la fin de la Ronde IV, la Terre s'auto-détruira et nous poursuivrons notre évolution avec la Ronde V, sur une autre planète. Vénus est actuellement la planète des monades de la Ronde V; c'est donc vers là que nous, créatures de la Terre, nous dirigerons. En vérité, le Logos Planétaire de la Hiérarchie Spirituelle de la Terre, Sanat Kumara, vient de Vénus, et notre Hiérarchie Spirituelle demande souvent conseil auprès des vénusiens.

Les pralayas majeurs et mineurs: des périodes de destruction et de repos

Les pralayas majeurs au sein du Grand Cycle

Un Pralaya Majeur, ou période d'obscuration ou de destruction, suit chaque Ronde. Le prochain Pralaya Majeur aura lieu dans plusieurs millions d'années, lorsque la Ronde IV sera terminée.

Alors, notre terre s'auto-détruira[7] et nous, les monades en évolution, nous retirerons dans une autre dimension et nous reposerons pendant qu'une nouvelle planète se préparera à nous accueillir.

Aujourd'hui, plusieurs experts religieux parlent de « la Fin des Temps » comme si la Terre allait s'auto-détruire en entrant dans un Pralaya Majeur. Nous croyons que l'humanité se trouve à des millions d'années de ce destin. Cependant, au cours de ces millions d'années, l'humanité aura à subir trois Pralayas Mineurs, en incluant celui dans lequel nous allons actuellement entrer.

Dans le schéma 2, ci-dessous, nous avons indiqué les Pralayas Majeurs entre les Rondes. En réalité, les Pralayas Majeurs devraient être de la même taille que les Rondes parce que la durée d'un Pralaya Majeur est la même que celle de sa Ronde.

Nous présentons les Pralayas Majeurs simplement à titre informatif. Ce qui nous concerne davantage aujourd'hui est le Pralaya Mineur que nous avons entamé. Ce pralaya est indiqué, dans le schéma ci-dessous, par la flèche située à la fin de la Quatrième Sous-Ronde.

---

[7] On dit que notre Lune compte parmi les planètes en désintégration.

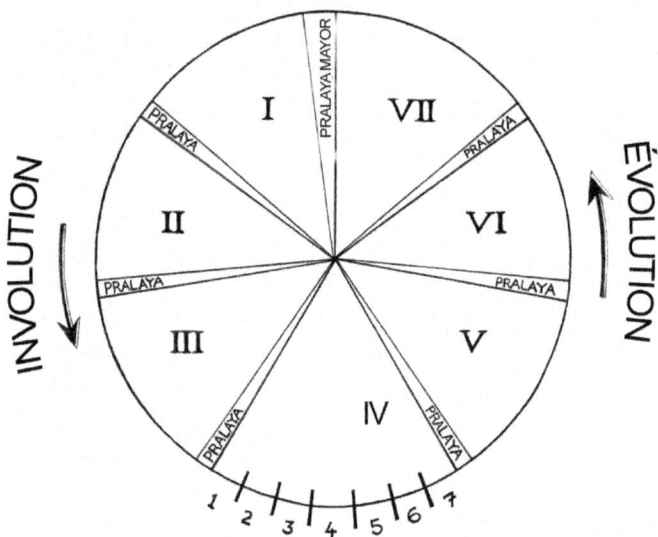

Schéma 2: Les Rondes et les Pralayas Majeurs et Mineurs

Les Pralayas Mineurs au sein d'une Ronde

Des Pralayas Mineurs se produisent entre les sous-rondes. Dans le schéma 2 ci-dessus, la flèche indique une ligne représentant le Pralaya Mineur à la fin de la Quatrième Sous-Ronde. C'est là où nous nous trouvons actuellement. Au cours de ce pralaya, la planète ne s'auto-détruit pas mais subit plutôt un nettoyage ou des changements de sa constitution géologique alors que les survivants s'abritent dans des régions sûres. Vers la fin du pralaya, ceux-ci commencent à s'aventurer dans les régions nouvellement formées.

Le terme de « Pralaya Mineur » est, bien entendu, relatif et dépend du point de vue de l'observateur. De notre point de vue terrestre, l'actuel Pralaya Mineur peut sembler catastrophique, avec des inondations majeures, l'engloutissement et l'élévation de continents pouvant altérer la configuration des terres et le rapport terre / eau. Par exemple, au cours du Pralaya Mineur antérieur entre les Troisième et Quatrième Sous-Rondes de la Ronde IV, la Terre a vu l'engloutissement du continent atlante dans l'Océan Atlantique et de l'élévation du continent Nord-Américain. Au cours du Pralaya Mineur entre les Deuxième et Troisième Sous-Rondes, l'immense continent lémurien, qui s'étendait du sous-continent indien jusqu'au nord d'Hawaii dans l'Océan Pacifique, coula.

La durée d'un Pralaya Mineur peut varier. Cependant, on nous dit que le Hiérarque du Nouvel Âge d'Or, le Maître Sanctus Germanus, a été pourvu d'une quantité supplémentaire d'énergie afin d'accélérer le pralaya actuel. Ceci, parce que l'évolution de la Terre est actuellement en retard sur l'évolution prévue au calendrier cosmique, à cause de l'influence indue et de la domination des Forces des Ténèbres et d'autres âmes retardataires des évolutions inférieures.

L'évolution des races-racine au cours de la Ronde IV sur Terre

Ainsi, au cours de la Ronde IV, la monade pénètre dans son véhicule physique le plus dense et le plus matériel. Cette forme physique s'exprime par les sept races-racine successives qui apparaîtront au cours de cette Ronde. Les races-racines fournissent le matériel génétique pour les corps physiques que porteront les monades. Avec chaque race-racine successive se produit le raffinement graduel du corps physique de concert avec l'évolution de sa monade-âme.

De plus, chaque race-racine exprime ses caractéristiques plus en profondeur à travers sept sous-races-racine. Par exemple, la caractéristique principale de notre Cinquième Race-Racine actuelle, la capacité de penser concrètement tandis que l'intelligence est fermement incorporée à la matière. Les cinquième et sixième sous-races-racine de la Cinquième Race-Racine sont présentement en incarnation.

L'entrée et la sortie d'une race-racine fait le pont au-dessus des Pralayas Mineurs. C'est pourquoi le numéro de la sous-ronde ne correspond pas exactement au numéro de la race-racine (voyez le schéma 3, ci-dessous). Par exemple, la Quatrième Race-Racine débuta au milieu de la Troisième Sous-Ronde et survécut jusqu'au milieu de la Quatrième Sous-Ronde. Notre Cinquième Race-Racine actuelle apparut au milieu de la Quatrième Sous-Ronde et survivra jusqu'au milieu de la Cinquième Sous-Ronde. Bref, le nombre assigné à la race-racine ne correspond pas nécessairement au nombre assigné à la sous-ronde.

Habituellement, lorsqu'une race-racine atteint son apogée, un Pralaya Mineur interrompt son développement. Ceci met en échec les excès de la race-racine prédominante, lui permettant de remonter à l'origine et de corriger quelques-unes de ses erreurs. Aujourd'hui, notre Cinquième Race-Racine a atteint son apogée, et le Pralaya Mineur actuel arrêtera son développement avant que celui-ci ne devienne hors de contrôle.

Lorsqu'une race-racine prédominante en est à sa pleine expression, la prochaine commencera à apparaître. Aujourd'hui, plusieurs incarnations de l'avant-garde de la Sixième Race-Racine apparaissent déjà même si la Cinquième Race-Racine domine toujours. Le nombre de ces incarnations augmentera pendant et après le Pralaya Mineur actuel. Il y a donc un chevauchement des races-racine lorsqu'une qu'une race-racine commence à décliner.

SOUS-RONDES
RACES-RACINE de la RONDE IV

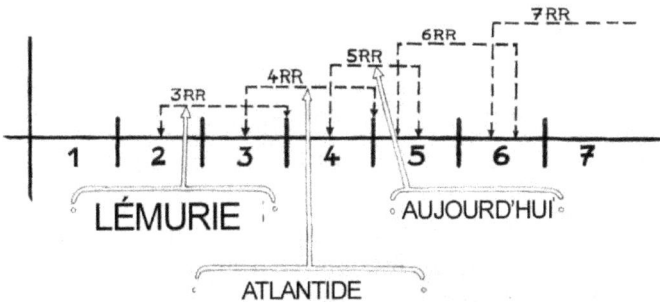

Schéma 3: Les races-racine faisant le pont entre les sous-rondes

La Quatrième Race-Racine débuta son incarnation au milieu de la Troisième Sous-Ronde. C'était alors la civilisation atlante. Cette civilisation atteignit son apogée à temps pour être fauchée par le Pralaya Mineur qui se produisit entre les Troisième et Quatrième Sous-Ronde. Au cours de ce Pralaya Mineur, l'immense continent de l'Atlantide s'engloutit alors que l'Amérique du Nord émergeait. Cependant, des restes de la civilisation atlante survécurent et certaines âmes de cette période ont persisté à s'incarner jusque dans les meilleurs jours de notre Cinquième Race-Racine. Quelques-unes font partie des Forces des Ténèbres et seront expulsées au cours du Pralaya Mineur actuel.

Vivent donc aujourd'hui sur la Terre les restes de la Quatrième Race-Racine, notre Cinquième Race-Racine prédominante, et l'avant-garde de la Sixième Race-Racine.

* * *

D'après le schéma que les Maîtres nous donnèrent il y a près d'un siècle, cette brève description indique que le Pralaya Mineur dans lequel nous entrons actuellement, qu'on le nomme l'Armageddon, les «changements terrestres» ou autrement, devrait se dérouler sur une très longue période de temps, fort probablement des siècles. Ceci indique qu'il n'y aura pas de changement brusque dans l'axe de la Terre, ou que s'il se produit un tel changement, il se produira à un rythme évolutif. En d'autres mots, nous ne nous rapprochons pas de la fin du monde.

Cependant, il n'y a pas lieu de minimiser les catastrophes que nous allons connaître, qu'elles soient naturelles ou causées par la main de l'homme, car celles-ci entraîneront des bouleversements d'une ampleur que notre race-racine n'a jamais connue jusqu'à présent. Une fois que la première phase destructrice du Pralaya Mineur actuel sera accomplie, nous pourrons nous attendre à une période de *repos* salutaire, ce qui fait partie d'un pralaya, et c'est au cours de cette période de repos que le Nouvel Âge d'Or se manifestera.

Plusieurs de celles et ceux qui lisent ce livre ne vivront pas pour voir la fin de la phase destructrice du pralaya, mais feront néanmoins l'expérience des premiers soubresauts, alors que les eaux purificatrices chasseront la pollution et inonderont de vastes étendues habitées. Mais plusieurs seront en mesure de contribuer à la restructuration initiale de la société humaine, qui se produira au cours des intermèdes entre ces bouleversements.

D'autres manières de décrire le pralaya actuel

La fin du Cycle du Sixième Rayon

Une autre manière de situer la période actuelle nous est fournie par la Science des Sept Rayons. Les étudiants de la littérature ésotérique sont familiers avec ce concept révélé à l'humanité par le Maître Djwal Khul à travers les écrits d'Alice A. Bailey. Notre Logos Solaire émet successivement sept caractéristiques prédominantes, ou rayons, vers les planètes de notre système solaire — en

périodes de 2000 années pour chaque rayon —
pour former un grand cycle de 14 000 ans.

Ces sept flux d'énergie représentent sept
vibrations différentes de la matière, vibrations qui
définissent et infusent tous les objets. Ces
énergies peuvent être combinées de manières
infinies, donnant à l'expression de la matière ses
caractéristiques colorées et variées. Sur Terre,
chacun des sept rayons domine les autres au cours
d'une période de 2000 ans, et chacun des rayons
est « géré » par un des Maîtres de Sagesse de la
Hiérarchie Spirituelle:

Premier Rayon Volonté, dessein, pouvoir,
destruction

Second Rayon Amour, sagesse, inclusivité,
cohérence, magnétisme

Troisième Rayon Intelligence active,
adaptabilité, créativité

Quatrième Rayon Harmonie par le conflit,
beauté, sensibilité, unité

Cinquième Rayon Connaissance concrète,
science, mental, analyse

Sixième Rayon Dévotion, idéalisme, adhésion,
force

Septième Rayon Ordre, cérémonie,
organisation, groupe, magie

Nous concluons présentement le cycle de 2000 ans du Sixième Rayon de dévotion, d'idéalisme, d'adhésion et de force, quelquefois nommé l'Ère Chrétienne, et entrons dans le cycle du Septième Rayon de l'ordre, de cérémonie, d'organisation de groupe et de Magie Blanche. Le Septième Rayon est aussi connu comme le Rayon de Synthèse et combine toutes les caractéristiques et les sous-caractéristiques des autres rayons. Le Maître Sanctus Germanus représente le Septième Rayon, d'où son rôle de Hiérarque du Nouvel Âge d'Or.

La faiblesse majeure de cette perspective particulière est qu'elle ne considère pas réellement la période d'agitation entre les périodes où chacun des Rayons est dominant.

La fin d'un Cycle Sidéral

Une autre manière de nous situer aujourd'hui est de nous localiser au sein d'un cycle sidéral d'environ 25 920 années. Ce cycle est grossièrement le nombre total d'années nécessaires pour que la Terre passe à travers les douze constellations, du Bélier aux Poissons, dans le zodiaque astrologique. La Terre prend environ 2100 années pour passer à travers chaque constellation. Nous complétons présentement notre passage à travers la constellation des Poissons, la dernière des douze constellations, et sommes sur le point de débuter un nouveau cycle de 25 920 années avec une période de deux-mille ans appelée Âge du Verseau.

Le réalignement de l'axe de la Terre avec son double éthérique

Encore une nouvelle façon d'expliquer les changements terrestres à venir est ce que l'on nomme « le Déplacement ». L'auteure ésotérique et journaliste Ruth Montgomery introduisit ce terme dans les années 1970.

Le double éthérique de la Terre conserve une position stable en relation avec le Soleil et le Logos Solaire de ce système solaire. Ceci constitue un point de référence alors que l'axe du Pôle Nord-Sud de la Terre physique s'incline vers l'avant et vers l'arrière à travers le temps. Lorsque les axes de la Terre physique et de la Terre éthérique sont alignés, la civilisation qui se trouve sur la Terre atteint son état de développement spirituel le plus élevé. Lorsque ces axes sont hors d'alignement, la civilisation sombre dans un âge de ténèbres. On dit que les sottises de l'homme contribuent au mauvais alignement de la Terre.

Pendant un cycle de 25 000 années, la Terre devient sérieusement désalignée de son double éthérique et se réaligne ensuite. Chaque 12 500 années, l'axe de la Terre physique s'incline par rapport à l'axe de son double, et se réaligne ensuite au cours des 12 500 années qui suivent. Au point où le réalignement débute, de puissantes énergies se déverseront du Soleil à travers l'axe de la Terre, causant des catastrophes naturelles d'une nature purificatrice avant que la Terre puisse débuter un autre cycle.

Shamballa, le siège mystique de la Hiérarchie Spirituelle, se situe sur le Pôle Nord du double éthérique de la Terre. Au cours du cycle actuel de 25 000 années, la Terre a été tellement désalignée que l'on estime que Shamballa se trouve au-dessus de l'Asie Centrale, près des Himalayas, plutôt qu'où elle devrait être, au-dessus du Pôle Nord éthérique. Donc, lorsque les deux pôles Nord seront de nouveau alignés, Shamballa se situera au-dessus du Pôle Nord de la Terre physique plutôt qu'en Asie Centrale.

La Terre approche actuellement le réalignement avec son double éthérique. Lorsque les deux axes seront de nouveau entièrement alignés, le Nouvel âge d'Or débutera.

L'année 2012 du calendrier maya

Une autre mesure de la fin du cycle actuel est le solstice d'hiver de l'année 2012. Selon la cosmologie des Mayas, 2012 est la fin d'un cycle de 104 000 années composé de quatre Grands Cycles mayas. Plusieurs ésotéristes occidentaux hystériques se sont saisis de cette date pour prédire mort et ténèbres, même si cette date est virtuellement inconnue de la vaste majorité de la population mondiale d'aujourd'hui, y inclus nos courants religieux majeurs. Astrologiquement parlant, les mayas croient qu'en ou vers décembre 2012, les planètes de notre système solaire s'aligneront toutes avec le Soleil, et que l'énergie du Soleil se déversera à travers elles comme à travers un paratonnerre.

Un tel astronome maya a affirmé que « les océans seront en ébullition » à ce moment. Que les océans entrent en ébullition reste à voir, mais un tel alignement au milieu de l'hiver dans l'Hémisphère Nord, selon nous, résultera en des hivers significativement plus chauds par la suite. Cette tendance a déjà commencée, et les scientifiques étudiant les calottes glaciaires polaires sont alarmés par la vitesse à laquelle celles-ci fondent. Nous pouvons être certains qu'à partir de 2012, l'intensité et la vitesse de cette fonte augmenteront, et les conséquences de ce changement climatique affecteront significativement la civilisation que nous connaissons aujourd'hui.

La convergence

La convergence de ces différentes perspectives suggère que nous sommes à la fin d'un cycle majeur du temps cosmologique:

1. La fin de la Quatrième Sous-Ronde dans le schéma des Maîtres présenté ci-haut
2. La fin de la domination du Sixième Rayon et le commencement de l'ère du Septième Rayon
3. La fin de l'ère des Poissons, telle que calculée par les pontes de l'astrologie occidentale, étant suivie de l'Âge du Verseau
4. Le réalignement de la Terre physique avec son double éthérique
5. La fin du calendrier maya coïncidant avec la fin de l'année 2012

Ainsi, de plusieurs points de vue, nous pouvons voir que nous entrons dans une période critique de notre évolution, une période qui implique la destruction de l'ancien et l'émergence du nouveau, la fin d'un cycle et le début du suivant. Nous ne sommes pas près d'être annihilés et la vie se poursuivra après les catastrophes, avec la promesse d'un Âge d'Or prochain.

Tout se produit en temps et en lieu opportun dans l'évolution des Rondes, autrement il serait impossible au meilleur visionnaire de calculer l'heure et l'année exactes où de tels cataclysmes, grands et petits, doivent se produire. Tout ce qu'un adepte pouvait faire était de prédire un moment approximatif; alors que maintenant les évènements qui résultent en de grands changements géologiques peuvent être prédits avec une certitude aussi mathématique que les éclipses et autres révolutions dans l'espace.[8]

---

[8] Traduction du texte original: Sinnett, A.P, *The Mahatma Letters to A.P. Sinnett*, Adyar, Inde: Theosophical Publishing House, Lettre 23B.

CHAPITRE 2

Le champ de bataille du plan astral

« Le plan astral est le plan de l'illusion, du mirage et d'une présentation déformée de la réalité. »[9] Djwal Khul

Dans ce chapitre, nous discuterons du principe de base ésotérique qui explique les changements terrestres actuels qui, tant à l'échelle humaine que planétaire, sont un reflet de l'agitation qui se produit sur le plan astral de la Terre.

Ci-dessous se trouve une citation du Maître Djwal Khul. Vous êtes invités à y réfléchir, ou à la mettre de côté si vous ne la comprenez pas ou ne l'acceptez pas. C'est une affirmation profonde qui, lorsqu'elle est comprise, fournit le principe de base ésotérique permettant d'expliquer pourquoi nous devons passer à travers les profonds changements humains et terrestres auxquels nous faisons face.

---

[9] Extrait de la version française de : Bailey, Alice A. *A Treatise on White Magic or the Way of the Disciple*, New York: Lucis Publishing Company, 1934, p. 222.

... La chaleur et l'humidité sont présentes dans la production de toutes les formes de vie, mais le grand mystère ... est de comprendre comment les trois feux peuvent produire l'humidité ou l'élément eau. Ce problème et ce phénomène constituent la base de la grande illusion à laquelle réfèrent certains livres anciens. Sous l'effet de cette combinaison, « maya » qui enveloppe tout, se produit. En réalité, il n'existe pas d'eau. La sphère aqueuse, le plan astral, n'est ... qu'un effet illusoire et n'a pas d'existence réelle. Cependant, dans le temps et l'espace, et pour la compréhension de la conscience témoin, elle est plus réelle que ce qu'elle cache et dissimule.[10]

La Terre est la seule planète de notre système solaire où l'eau joue un rôle aussi important. L'eau recouvre 71% de sa surface, et des 29% qui restent, beaucoup de terres, telles que mesurées par les plateaux continentaux, se trouvent sous l'eau.

Le poids du corps physique de certains organismes contient jusqu'à 90% d'eau. Le corps humain contient 60% d'eau, le cerveau 70% et les poumons près de 90%. Environ 83% de notre sang est constitué d'eau, ce qui contribue à digérer la nourriture, à transporter les déchets et à régler la température du corps. Chaque jour, les humains doivent remplacer 2,4 litres d'eau, soit en la buvant, soit à travers la nourriture qu'ils ingèrent.

En termes ésotériques, l'eau reflète les éthers du plan astral. La prédominance de l'eau sur la planète Terre physique reflète l'influence du plan

---

10 Ibid., p. 612.

astral sur la vie humaine actuelle. Comme nous le verrons, l'eau jouera un rôle crucial dans les changements terrestres à partir de maintenant et reflète ce qui se produit sur le plan astral.

Où est le plan astral de la Terre?

Nous passons tous près d'un tiers de notre vie, chaque jour, sur le plan astral. Au cours de nos heures de sommeil, la plupart d'entre nous voyageons dans nos corps astraux jusqu'au plan astral pour travailler ou étudier avec nos amis et nos collègues. La plupart d'entre nous revenons au plan physique avec peu ou aucune mémoire de ces aventures nocturnes. Quelques-uns, cependant, peuvent revenir avec le souvenir complet de leurs rêves, quelquefois mystifiants, fréquemment symboliques.

Au moment de la mort, nous nous séparons de nos corps physique et éthérique, laissant notre corps astral se frayer un chemin à travers les sept sous-plans du plan astral. La période de temps que nous passons sur le plan astral dépend du genre de vie que nous avons vécue sur le plan terrestre et de notre niveau de développement spirituel. Ainsi, « le bon, la brute et le truand » peuplent les sous-plans du plan astral.

Le schéma ci-dessous dépeint les cinq plans, ou corps de forme, de la Terre — le plan physique, l'éthérique, l'astral, le mental et le causal. Le plan astral constitue donc l'un des cinq plans. Ceux-ci sont identiques aux cinq corps d'un humain. Le schéma illustre donc l'entrelacement étroit de nos corps avec ceux de la Terre. (Il existe deux plans plus élevés, le bouddhique et le nirvanique, qui relient la planète et l'humanité aux grandes forces cosmiques. Ces plans ne sont pas représentés dans ce schéma.)

Le plan astral de la Terre se trouve au-delà des plans physique et éthérique de la Terre. Quelques-uns disent qu'il s'étend presque jusqu'à mi-chemin de la Lune.[11] D'autres sources soutiennent que l'épaisseur du plan astral est d'environ 10 000 pieds[12]

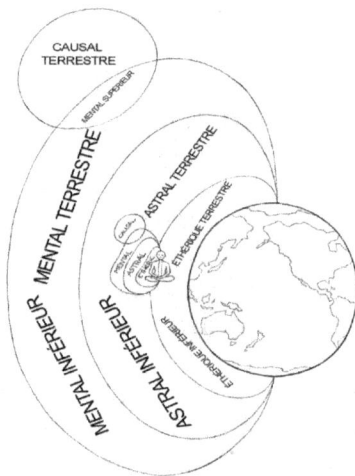

Schéma 4: L'entrelacement des cinq corps de forme de la Terre et de l'homme

---

[11] Leadbeater, C.W. *The Inner Life, vol. 1*, Adyar, Inde: The Theosophical Publishing House, 1910, p. 353.
[12] Traduction du texte original: Innocenti, Geraldine, *Bridge to Freedom Collection of Channelings*, 1953.

Le plan astral est divisé en sept sous-plans et chaque sous-plan est fait d'une matière éthérée qui, du plan éthérique jusqu'au septième sous-plan astral, est progressivement plus fine, plus raffinée. Chaque couche de matière se raffinant progressivement, celles-ci sont superposées et il n'existe pas de division claire entre chacun des sous-plans. Néanmoins, chaque sous-plan héberge des populations différentes d'entités astrales et représente des agglomérats entiers d'idées et de formes-pensées en plus de structures et d'institutions de vibrations similaires. La vie sur le sous-plan le plus près de la Terre physique ressemble beaucoup à la vie sur la Terre. Ceux qui vivent sur les sous-plans plus élevés ont des existences de plus en plus éthérées et spirituelles, jusqu'à ce qu'ils mettent de côté leurs corps astraux et se transportent sur le plan mental.

Les types de corps astraux qui habitent ou transitent par le plan astral ne sont pas mélangés pêle-mêle comme sur la Terre; chaque sous-plan héberge plutôt les corps astraux ayant des vibrations similaires. On peut dire que les pires éléments criminels humains se transportant sur le plan astral seront coincés sur le sous-plan le plus bas jusqu'à ce que leurs âmes entreprennent quelque forme de rédemption. D'autres, qui auront vécu des vies relativement plus exemplaires, seront groupés sur le sous-plan suivant, et ainsi de suite. Ainsi, la Loi Cosmique d'Attraction est vraiment en action sur le plan astral.

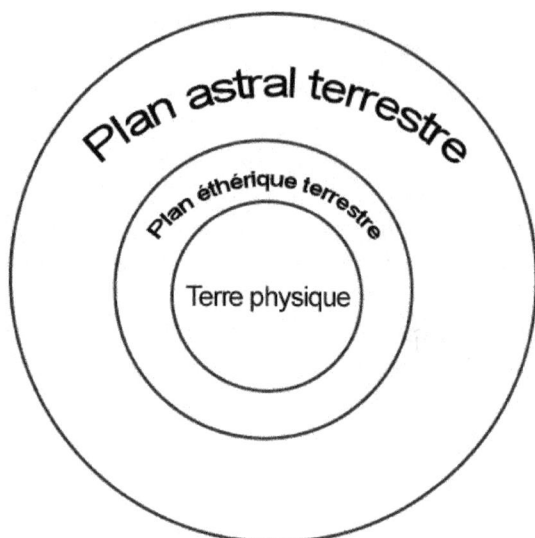

Schéma 5: Le plan astral de la Terre

Les éthers du plan astral semblent liquides, ce qui justifie leur étroite association avec l'eau sur le plan terrestre. Ces éthers sont assujettis aux flux et aux reflux constants des désirs et des fantaisies des habitants de l'astral, en particulier ceux des habitants instables des sous-plans les plus bas, plus près de la Terre. Les crises et oscillations émotionnelles incessantes qui balaient le plan terrestre reflètent le mouvement et les vagues du liquide astral.

Les ésotéristes n'ont pas sérieusement étudié et analysé le plan astral et son influence sur l'humanité depuis plus de cinquante ans. Beaucoup plus de recherche et d'observations doivent être réalisées au sujet de cet aspect important de la vie sur Terre, particulièrement à cause de sa versatilité face aux désirs et de ses mutations multiples. L'approche de la fin de la Quatrième Sous-Ronde de la Ronde IV coïncide avec le vingtième siècle, avec ses guerres incessantes, les médias de masse et l'âge de l'information. Ces phénomènes relativement récents ont changé profondément la nature de l'astral depuis que l'ont observé les anciens sages et, plus récemment, les ésotéristes.

> Le plan astral, vraiment vu par « l'oeil ouvert » de l'aspirant, lui apparaît comme un épais brouillard, où règne la confusion, où les formes changent, où les couleurs se mélangent. Cette apparence kaléidoscopique le remplit de désespoir. Il n'y a plus de lumière, étincelante ou claire. Apparemment, il n'y a qu'un désordre impénétrable, car c'est le lieu de rencontre des forces.[13]

En fait, c'est sur le plan astral que la vraie bataille entre les Forces de la Lumière et des Ténèbres s'est déjà déroulée et se joue maintenant sur la Terre. Nous verrons que la ténacité de la résistance des Forces des Ténèbres sur le plan terrestre a ses racines dans leur domination virtuelle des sous-plans les plus bas de l'astral.

---

[13] Extrait de la version française de: Bailey, Alice A. *A Treatise on White Magic or the Way of the Disciple*, New York: Lucis Publishing Company, 1934, p. 221.

L'état actuel du plan astral de la Terre

Les évènements extraordinaires du vingtième siècle ont grossièrement pollué les sous-plans les plus bas du plan astral, formant une couche épaisse de matière astrale viciée qui colore les formes-pensées pures descendant des dimensions supérieures. Examinons de quoi cet obstacle est formé et comment il s'est amplifié au cours des cinquante dernières années.

La conservation de l'histoire humaine: un enregistrement dans lumière astrale

Le plan astral conserve son propre enregistrement de l'histoire du point de vue des émotions de l'humanité, qu'elles soient individuelles ou de groupe, qu'il s'agisse d'aspirations nationales, de motivations, de désirs ou de sensations. La somme de tout ceci constitue l'enregistrement akashique de l'histoire émotionnelle de l'humanité. Toutes les inventions humaines — les beaux-arts, la littérature, la musique, ce que les sociologues modernes appellent la « culture » et la « civilisation », ses peurs, plaisirs et envies, ses représentations cinématographiques, désirs sexuels, amours et haines, agonies et extases, inégalités, batailles politiques, les oscillations émotionnelles de l'opinion publique, ses aspirations (économiques, de puissance ou religieuses), jalousies, agressions, et ainsi de suite — et tout le reste qui caractérise la nature émotionnelle de l'existence humaine est conservé dans les annales du plan astral.

Alors que le plan mental conserve l'histoire de toute la pensée logique et rationnelle, le plan astral conserve toutes les formes-pensées engendrées par le désir et l'émotion. Par exemple, une mode atteint la Terre, et tous commencent à la porter, comme dans le cas des *jeans*, ou un leader charismatique organise d'importants ralliements politiques pour inciter les gens à l'émeute ou à partir en guerre contre leurs voisins. La haine des masses, qui braque une nation contre une autre, une équipe de football contre une autre, une religion contre une autre — tout est conservé dans le plan astral.

Toute l'histoire émotionnelle d'un individu — désirs, fantaisies, peurs, haines, amours, etc. — contribue à la quantité des données conservées sur le plan astral, à travers le lien qui existe entre le corps astral de cette personne et le corps astral de la Terre. Inversement, les émotions qui gonflent le plan astral exercent une influence sur le comportement de l'individu, souvent sans qu'il en soit conscient. De cette manière, les caractéristiques et les aspirations nationales modèlent notre comportement, et vice versa.

La pensée dans le monde actuel

Une grande partie de l'activité mentale actuelle sur le plan terrestre est de nature astrale, impliquant la saturation du mental des populations par des millions d'ouvrages de fiction dépeignant des personnages et des intrigues qui se veulent plausibles. L'altération des faits et la propagande dominent les médias, mettant l'emphase sur la diffusion d'évènements sensationnels ou choquants dans nos nouvelles quotidiennes et nos émissions de télévision. Le boom de l'information a créé des tonnes d'oeuvres de fiction; des livres, des magazines, des bandes dessinées et des journaux conçus pour évoquer les émotions. Le cinéma, la télévision et les autres moyens audiovisuels distribuent et diffusent ces histoires au sein d'une population toujours croissante de tous les niveaux de sensibilité.

Que la pensée soit fictive ou basée sur des faits, on peut argumenter que c'est la même chose, puisque tout cela fait partie de *maya*, de l'illusion des plans physique et astral. Cependant, une grande partie de la pensée actuelle a sombré au niveau du divertissement et de l'amusement, et les oeuvres contemplatives sérieuses caractéristiques du plan mental ont fait place à la production de fictions et de tragédies, aux situations surchargées d'émotions. Il semble que la plupart des oeuvres véhiculées par les médias doivent avoir un « crochet émotionnel » pour vendre ou attirer l'attention du consommateur. Les grands penseurs et la pensée raffinée ont été réduits à la minorité, alors que le rugissement des médias étouffe leurs voix.

Les médias de masse et l'âge de l'information au vingtième siècle

Les médias de masse — journaux, magazines, cinéma, radio, télévision, internet, babillards, livres, CDs, DVDs, vidéos, jeux informatiques et autres formes de publication — véhiculent des formes-pensées astrales vers les masses. La propagande gouvernementale, les opinions politiques populaires, la musique « pop », les oeuvres de fiction, la littérature, les séries sportives et les tendances de la mode, le cinéma, le babillage et les ragots constants des médias populaires au sujet des vedettes du cinéma, des célébrités et des individus du même acabit prennent tous une forme de matière astrale sur le plan astral avant de se manifester sur la Terre. Aidées par les appareils de reproduction comme les photocopieurs, les appareils d'enregistrement, les caméras vidéo et digitales et les logiciels informatiques, ces formes-pensées sont ensuite multipliées exponentiellement et martelées dans la conscience humaine jusqu'à ce qu'elles pénètrent et saturent tant l'esprit subconscient (astral) que l'esprit conscient.

Les formes-pensées des médias de masse originent du et retournent au plan astral. Le babillage astral constant de la radio, de la télévision, de l'internet et du cinéma, qui modèle et influence la pensée de l'homme actuel, est sans précédent dans l'histoire. Ceci constitue pour nous le pouvoir d'influence de la bête à tête d'hydre décrite dans les Révélations de la Bible.

Notre système économique nourrit le désir sur le plan astral

« La situation économique moderne est de nature astrale; elle est le résultat du désir et d'un usage égoïste des forces de la matière. »[14]

---

[14] Ibid., 225.

Débutant par la création du désir matériel par des techniques de manipulation de l'esprit comme la publicité, nous observons ensuite les déplacements de millions de « containers » maritimes chargés de jouets, d'appareils ménagers, d'outils, de vêtements, d'automobiles, de meubles, d'équipements médicaux, etc. transportés d'un bout à l'autre du monde pour satisfaire les désirs humains dans les centres commerciaux géants et les magasins de tous les pays. D'énormes chargements de matières premières — bois, métaux, plastiques, denrées agricoles — sont achetés et vendus pour que les usines autour du monde puissent produire des biens pour satisfaire chaque caprice et chaque désir.

Peu de gens, sinon aucun, ont la possibilité d'échapper à l'assaut de ces désirs imposés, car ceux-ci sont éventuellement peints sur notre corps astral ou émotif directement ou indirectement, par la conscience collective. Ajoutez à cela l'échange de trillions de dollars en transferts bancaires et en argent comptant pour défrayer la satisfaction de ces désirs, et nous obtenons un tourbillon mondial d'échanges destinés à nourrir les désirs astraux. Tous les échanges de biens, de services et d'argent ayant leur contrepartie sur le plan astral, celui-ci n'aura encore jamais été aussi gonflé de tant de désirs manipulés et de satisfaction matérielle — ou d'insatisfaction.

Les guerres massives des 20ème et 21ème siècles emplissent le plan astral de leur carnage

Au cours du vingtième siècle, le carnage humain fut sans précédent. Les deux guerres mondiales, les purges staliniennes et maoïstes, les révolutions, les guerres de décolonisation, les conflits régionaux et les génocides, incluant les guerres de Corée et du Vietnam, les carnages massifs en Bosnie, au Cambodge, au Congo, au Sri Lanka, en Inde et au Pakistan, en Somalie, au Moyen-Orient et en tant d'autres endroits, ont surpeuplé le plan astral avec les coquilles astrales des personnes qui sont décédées.

Comme nous l'avons expliqué précédemment, lorsqu'une personne meurt, l'âme se sépare de ses corps physique et éthérique, mais le corps astral continue d'exister sur le plan astral. Si l'âme est inclinée à passer au plan mental, elle choisit de délaisser son corps astral afin de poursuivre son chemin. À ce point, le corps astral passe par une seconde mort, devenant une coquille astrale qui se désintègrera avec le passage du temps.

Si l'âme n'est pas inclinée à poursuivre son chemin sur le plan mental — ou à évoluer — comme c'est le cas de plusieurs éléments criminels et d'humains de type inférieur, le corps astral flânera tout simplement ici et là sur le sous-plan le plus approprié au niveau de l'évolution de cette personne. Toutes les vibrations similaires sont groupées ensemble. Plusieurs des éléments les moins évolués deviendront et demeureront évidemment on ne peut plus ennuyés les uns des autres, et rechercheront par conséquent une excitation par procuration et l'aventure sur le plan terrestre.

La violence du vingtième siècle s'étant manifestée par la mort massive de millions d'individus, les sous-plans astraux les plus bas se sont emplis de coquilles astrales et d'entités, rendant ces sous-plans plus impénétrables que jamais auparavant, au point où l'essence raffinée qui s'écoule habituellement des dimensions spirituelles les plus élevées vers l'humanité est bloquée.

Ainsi peuplé, le plan astral inférieur a acquis graduellement une vie qui lui est propre. Les coquilles astrales de corps depuis longtemps disparus, certaines datant même de l'ère lémurienne, chapardent ici et là, soutirant de l'énergie du plan physique afin de retarder leur désintégration éventuelle. Le plan astral est tellement surchargé qu'il est dit qu'il ajoute 150 livres au pouce carré à la pression atmosphérique normale de 14,7 livres au pouce carré![15] Est-il si surprenant que nous nous sentions transporter de tels fardeaux chaque jour?

Comme nous en discuterons plus loin, les Forces des Ténèbres ont été capables de ressusciter et de recruter pour leurs propres fins ces hordes de coquilles astrales et d'entités astrales d'évolutions inférieures.

---

[15] Discours de l'Archange Michaël, *The Seven Beloved Archangels Speak*, Bridge to Freedom, Inc., 1954.

L'« effet vampire »: parlons mort et résurrection

Les coquilles astrales n'ont pas d'âme. Par conséquent, elles ne peuvent en tirer leur énergie vitale, comme le font les êtres vivants normaux. Comme des parasites énergétiques, elles dépendent plutôt de l'humanité pour se soutenir. Pour se faire, elles soutireront de l'énergie de la réunion de groupes à l'occasion d'évènements sportifs, de rassemblements religieux, de ralliements fondamentalistes, de guerres et de tout autre évènement de masse dont le résultat est le déversement d'émotions telles que la haine ou l'amour.

Individuellement, elles peuvent souvent posséder les humains qui sont ignorants de ce fardeau supplémentaire. Plusieurs coquilles astrales gardent le souvenir d'obsessions irrésolues telles que l'alcoolisme et la dépendance aux drogues ou à la cigarette, et obtiennent la même expérience par procuration, en « possédant » des corps physiques sur le plan terrestre — une forme de syndrome du singe-sur-le-dos.

Par de telles relations parasitiques, le plan astral a acquis une vie qui lui est propre. Il a développé de l'*auto-préoccupation*, car les coquilles ont réalisé qu'elles sont sur le chemin de la désintégration et ont besoin d'une source d'énergie pour se soutenir. Ceci, elles peuvent le faire tant qualitativement que quantitativement en gardant l'humanité ancrée dans le plan physique.

Les entités astrales, désespérées de se soutenir, autrement dit de demeurer « en vie », ont inventé plusieurs façons de communiquer avec le plan physique et d'en soutirer l'énergie nécessaire, comme un vampire est revivifié après avoir soutiré le sang de sa victime. C'est pourquoi, alors que la population de coquilles astrales augmente, la population humaine de la Terre augmente également, car le plan astral doit se soutenir.

Un autre moyen par lequel les entités astrales parviennent à survivre est la possession d'individus et d'organisations dans le but de créer des évènements de masses, des ralliements, des rencontres, des conflits et des guerres — tout ce qui est nécessaire pour nourrir et soutenir les populations astrales. Il est bien connu que les coquilles astrales des sous-plans astraux les plus bas, devenues les pions des Forces des Ténèbres, s'accrochent et possèdent des individus dans le but de les forcer à accomplir leurs sombres desseins.

En même temps, les entités habitant les sous-plans les plus élevés du plan astral, les coquilles astrales et les formes-pensées de luminaires et d'individus inspirés se soutiennent aussi en s'attachant à des organisations religieuses bien intentionnées et à des groupes de méditation du Nouvel Âge, prétendant être des gourous ou des conseillers provenant des royaumes « spirituels ». La plus grande partie de ce que ces coquilles ont à dire ou à enseigner est une répétition de ce que leurs formes humaines enseignèrent lors de leur incarnation sur Terre. Contrairement à ceux des sous-plans astraux inférieurs, la plupart de ces enseignements sont bien intentionnés même s'ils ne proviennent pas des plus hautes sources de sagesse.

Ainsi, la nature parasitique des coquilles sur le plan astral est à la fois bonne et mauvaise, mais n'est généralement pas plus élevée en terme de développement spirituel que le plan terrestre. Pour cette raison, une relation astrale parasitique peut avoir l'apparence de la sainteté alors qu'elle est en réalité d'un ordre peu élevé. Et ces relations parasitiques sont sujettes, comme toutes les autres, aux fantaisies et aux oscillations émotionnelles du plan astral.

Des extra-terrestres font la promotion de la Hiérarchie des Ténèbres sur le plan astral

Ce ne sera donc pas une surprise d'entendre que le plan astral est devenu l'outil principal des Forces des Ténèbres pour influencer et manipuler la pensée sur le plan terrestre. Rôdant à la frontière de notre atmosphère se trouvent des forces extra-terrestres espérant profiter du chaos de ce pralaya et instituer leur régime sur la Terre. Même si ces extra-terrestres ont fait alliance avec certains gouvernements de la Terre, la Loi Cosmique empêche toujours leur entrée sur le plan terrestre. Pour accéder à la Terre, ils ont plutôt appris à utiliser les habitants du plan astral qui, à leur tour, influencent la population humaine de la Terre.

Des agents des Forces des Ténèbres, dans une forme désincarnée, résident dans les sous-plans les plus bas du plan astral. Ils n'ont aucun intérêt pour évoluer vers les sous-plans supérieurs ou se racheter, et sont par conséquent coincés *in situ*. Conséquemment, n'ayant aucune source de vitalité, ils cherchent à survivre en se réincarnant, en possédant des individus ou en influençant des groupes importants.

Ces extra-terrestres ténébreux sont capables, de quelque manière, d'utiliser des technologies électriques pour énergiser les coquilles et les corps astraux pour qu'ils incitent psychiquement les humains à former des groupes et à favoriser la création de rassemblements de masses sur le plan terrestre — ceci, dans le but de générer l'énergie nécessaire à leur survie. Nous soupçonnons même qu'ils ont les moyens de permettre aux coquilles astrales de se réincarner dans des corps de chair, ceci permettant d'expliquer le grand nombre d'humanoïdes sans âme parcourant la Terre, subissant l'influence des Forces des Ténèbres.

Le mouvement Nouvel Âge détourné au moyen du plan astral

Alors que davantage de membres de la nouvelle génération sur Terre démontrent posséder les capacités psychiques nécessaires pour communiquer avec les autres plans, un nombre croissant de ces médiums ou « psychiques » sans entraînement et sans formation devient la proie d'entités astrales prétendant être des Maîtres ou des anges, discourant en détails des sujets politiques ou spirituels variés. Ceux-là ont été la source d'une grande quantité de babillage astral, offrant une information d'une nature inférieure, anecdotique, et poussant ses récipiendaires à diffuser cette information en masse par le biais du courrier électronique et de l'internet. Toute émotion qu'ils sont en mesure d'évoquer par ces messages leur fait parvenir de l'énergie supplémentaire, et leurs tentacules s'étendent encore davantage et avec plus d'agressivité au sein de l'humanité alors que leur fin approche.

Le mouvement Nouvel Âge, les ashrams imposants et les groupes religieux offrent un accès aisé et de la sympathie tant aux extra-terrestres qu'aux coquilles astrales prétendant être des saints et des yogis du passé. Les entités astrales et les coquilles canalisent des « messages des royaumes supérieurs » à travers des psychiques sans entraînement dans le but de créer de vastes groupes de partisans, ou ashrams, comme sources d'énergie. Les groupes hautement dévots dont les membres ont une foi aveugle sont particulièrement sujets à ce type de manipulation par l'interprétation biaisée d'enseignements spirituels, l'incitation au fanatisme et le déversement d'émotions. Par exemple, la procession de la dépouille du Pape parmi la foule afin d'évoquer un déversement de chagrin a dû servir de banquet virtuel pour les coquilles astrales.

La promotion de la Hiérarchie des Ténèbres par des personnages astraux

Les forces extra-terrestres rôdant autour de la Terre ont créé une Hiérarchie des Ténèbres qui imite la Hiérarchie Spirituelle planétaire légitime. Cette hiérarchie inclut des copies de Maîtres tels que Saint Germain, El Morya et Kuthumi en plus d'autres Maîtres ayant acquis de l'importance à travers le mouvement Nouvel Âge. Ces imitations parlent à travers une foule de médiums et de psychiques Nouvel Âge sans entraînement. Quelques-unes requièrent même de manière flagrante que leur audience leur transmette de l'énergie en chantant ou en s'asseyant de certaines façons.

Aujourd'hui même, il existe des groupes qui ont tenté de faire revivre les techniques de séances spirites du dix-neuvième siècle dans le but de fournir à cette Hiérarchie des Ténèbres un moyen de prendre corps et de communiquer avec le plan terrestre. Utilisant un ectoplasme émis par les médiums qu'ils ont choisi, des coquilles astrales ont été capables de faire voir ou entendre leur présence dans la pièce de la séance. Leurs accès aux enregistrements de Lumière Astrale leur permet d'impressionner les participants de la séance avec des faits au sujet de leur vie, et leurs enseignements spirituels imitent généralement ceux de la Sagesse Immémoriale.

Suite aux évènements et aux innovations technologiques du vingtième siècle, nous pouvons voir que les sous-plans les plus bas du plan astral sont devenus une couche sombre et obscure dont l'influence négative se mélange au plan éthérique de la Terre. Cette couche sombre a, pendant une période de temps considérable, empêché le flux des *énergies praniques* du Soleil d'atteindre le plan terrestre. L'état général de santé affaibli sur la Terre est principalement causé par l'influence émotionnelle que le plan astral joue sur l'humanité, faisant osciller tant les individus que les masses d'un extrême à l'autre, d'une manière semblable au système climatique qui peut transformer une mer calme en une furie de destruction bouillonnante.

Le nettoyage du plan astral

Nous avons décrit en long et en large l'état actuel du plan astral principalement afin d'illustrer pourquoi, à l'occasion de l'obscuration ou du pralaya actuel, la Hiérarchie Spirituelle et de vastes Forces Cosmiques se sont rassemblées pour nettoyer ce plan. Créatrice du plan astral, l'humanité n'a ni la volonté ni le pouvoir de réaliser ce nettoyage toute seule.

Les Forces Cosmiques ont maintenant pris le contrôle de la situation, et un processus de nettoyage irréversible a débuté. Deux types de forces cosmiques sont impliquées: le premier type est un influx d'énergies éthérées raffinées provenant des plans mental et causal de la Terre et s'écoulant vers les plans inférieurs: astral, éthérique et physique. Ce sont là des énergies féminines[16] qui équilibreront les énergies masculines prédominantes de l'ère actuelle. Le second type de forces implique un nettoyage plus général de tous les corps de la Terre, alors que le

---

[16] À ne pas confondre avec les énergies du genre (sexe) féminin. Les énergies féminines constituent une catégorie d'énergie cosmique qui équilibre l'autre catégorie, les énergies masculines.

système solaire pénètre dans la Ceinture de Photons de notre galaxie.

Ces deux types de forces cosmiques majeures affectent tous les plans, et nous sommes plus avertis de leurs effets sur les plans physique, éthérique et astral. Puisqu'elles ont un taux vibratoire plus élevé, alors qu'elles touchent les plans dont les vibrations sont plus basses, elles causent une agitation avant même que leurs bénéfices puissent être ressentis sur la Terre. Ce sont là les forces derrière le processus de filtrage cosmique actuel, communément dénommé Armageddon (voir le Tome 1).

Quelques individus, cependant, par la méditation et la purification, ont été capables de se frayer un chemin à travers la matière astrale dense dans le but de maintenir le contact avec leurs corps et le plan mental et causal. En parvenant à établir ce contact, ils ont surmonté les effets du plan astral et peuvent ainsi demeurer au-dessus de la mêlée au cours du tumultueux processus de nettoyage.

Le flot descendant des énergies éthérées féminines raffinées

En synchronicité avec le commencement du pralaya actuel, les Grands Êtres de la Hiérarchie Spirituelle décidèrent de libérer une matière éthérée et plus raffinée des plans mental et causal vers le plan astral. Ceci n'est seulement qu'une partie de la dispensation obtenue pour l'humanité par le Maître Sanctus Germanus. Ces énergies comprennent les qualités féminines nécessaires afin d'équilibrer les énergies beaucoup trop masculines animant le plan terrestre. Alors que l'énergie éthérée raffinée s'écoule sur les énergies plus denses des plans mental, astral, éthérique et physique, elle a un effet naturel de nettoyage alors que le grossier fait place au plus fin. Elle a aussi un effet profond de guérison sur les populations de la Terre; une révision de la science et du savoir sera nécessaire pour la comprendre. Cet effet de guérison a donné naissance à plusieurs modes de guérison énergétique du mouvement Nouvel Âge.

Lorsque l'écoulement des énergies raffinées atteindra les sous-plans supérieurs du plan astral, la scène sera mise en place pour le développement de formes plus élevées d'art, d'émotions et de désirs, lesquelles évolueront encore davantage au cours du Nouvel Âge d'Or. La descente continue des énergies raffinées jusqu'aux sous-plans les plus bas du plan astral causera beaucoup de bouleversements et de conflits alors qu'elles entreront en contact avec ces énergies plus denses. L'effet principal sera de causer la folie au sein des coquilles et des entités astrales les moins évoluées, folie qui sera projetée et se reflètera sur Terre sous la forme de la folie généralisée que nous observons actuellement.

D'une manière plus précise, alors que les énergies raffinées atteindront les sous-plans les plus bas du plan astral, les coquilles et les corps astraux qui y résident entreverront leur défaite, car l'inférieur doit céder au supérieur. Les énergies raffinées hâteront naturellement la détérioration des coquilles astrales résiduelles et en dissiperont les particules jusqu'à ce que celles-ci retrouvent leur état atomique ou sub-atomique originel. Ces entités, cependant, ne céderont pas sans des poussées puissantes et désespérées pour leur survie, chaque poussée se manifestant sous la forme d'une explosion de violence ou d'un comportement soudainement insensé quelque part sur la Terre.

Le grand espoir est celui-ci: peu importe la violence de la lutte, ces entités astrales seront éventuellement déracinées et on leur permettra de se dissiper, comme elles devraient l'avoir fait en premier lieu.

L'effet de la descente des énergies raffinées vers le plan terrestre

L'effet de la descente des énergies raffinées sur le plan terrestre sera encore plus prononcé avec la clôture de la Quatrième Sous-Ronde, car les coquilles et les entités astrales tenteront de posséder et de drainer de plus en plus les individus sur le plan terrestre de l'énergie vitale dont elles ont besoin. Les tueries dans des écoles par des individus possédés deviendront plus répandues et se transformeront plus tard en d'autres atrocités. Une grande part de l'augmentation de la dépendance aux drogues et à l'alcool peut aussi être retracée jusqu'à ces entités. Les entités astrales les moins évoluées posséderont les faibles d'esprit et les affranchis de la société pour satisfaire leurs passions irrésolues.

Cependant, la simple possession d'individus n'est pas suffisante pour soutenir une population d'entités astrales aussi importante. Pour subsister, elles doivent ronger parasitiquement une part de plus en plus importante de la population humaine. La meilleure et plus efficace manière de soutirer de l'énergie du plan terrestre est d'évoquer la peur de groupes — les meilleures cibles étant les groupes les plus fanatiques, car le fanatisme favorise davantage la dépense d'énergie.

Les ralliements et les protestations des masses exsudent des quantités toujours plus grandes d'énergie en direction du plan astral — plus l'entreprise est émotive, plus grande est la source d'énergie. Les médias de masse avec leurs technologies sonores et visuelles peuvent facilement concentrer l'énergie des masses. Les évènements sportifs mondiaux tels que la Coupe du Monde et les Olympiques, les concerts rock, les rassemblements *rave* et la guerre, retransmis dans toutes les maisonnées du monde par la télévision et l'internet, évoquent tous des débordements émotionnels qui fournissent au plan astral l'énergie nécessaire pour se soutenir et résister à l'arrivée des énergies raffinées.

Les guerres sont de loin les meilleures sources de débordements émotionnels, les plus sanglantes et les plus atroces étant souhaitables. Dans les coulisses, comme le choeur dans les anciennes tragédies grecques, les médias chantent aux populations en ressassant les peurs associées à la guerre, aux pandémies et au terrorisme, dans le but de créer encore plus de sources d'énergie émotionnelle soutenue destinée aux entités désespérées du plan astral.

Les vastes institutions et bureaucraties gouvernementales, qui ont longtemps constitué « le pain et le beurre » de l'approvisionnement du plan astral en énergie, disparaissent lentement alors que les ordinateurs prennent leur place. Le style de travail terne et fatigué du bureaucrate démontre comment ces vieilles institutions ont été drainées de leur vitalité au cours des années. Il existe par conséquent un appel urgent à la création de nouvelles sources d'énergie dans ces temps désespérés de l'astral. Puisque la guerre représente la plus grande dépense d'énergie et peut être mise en place par les gouvernements nationaux, nous verrons de plus en plus de conflits dans les derniers jours de ce cycle. Et, bien entendu, la haine et le fanatisme tels que nous les voyons dans les mouvements islamiques et chrétiens récents ajoutent encore davantage à ce festin d'énergie émotionnelle qui garde le plan astral bien nourri.

Éventuellement, alors que les énergies raffinées s'infiltreront vers le bas, l'agitation la plus grossière sur les plans astral et terrestre sera atténuée. Après des déchaînements initiaux désespérés, et malgré les tentatives de survie des entités astrales les moins évoluées, tout ce qui est vibratoirement incompatible avec les nouvelles énergies sera désintégré. Même les sous-plans les plus élevés du plan astral seront nettoyés, et la qualité de la pensée intellectuelle, des arts et de la musique s'élèvera vers de nouveaux standards en préparation du Nouvel Âge d'Or.

L'entrée du système solaire dans la Ceinture de Photons de la galaxie

Des énergies éthérées plus raffinées s'écoulent à travers les différents plans de la Terre au moment même où le système solaire débute son passage à travers la Ceinture de Photons de notre galaxie (voir le schéma 6). Ceci n'est pas seulement une coïncidence, mais fait partie du Plan Divin.

Au cours de ce passage, les plans astral, éthérique et terrestre seront soumis à des bandes d'énergies puissantes et turbulentes qui auront pour effet d'accélérer notre perception du temps et de causer de grandes turbulences, qui accéléreront et aggraveront l'activité astrale, causant des actions d'auto-préservation désespérées.

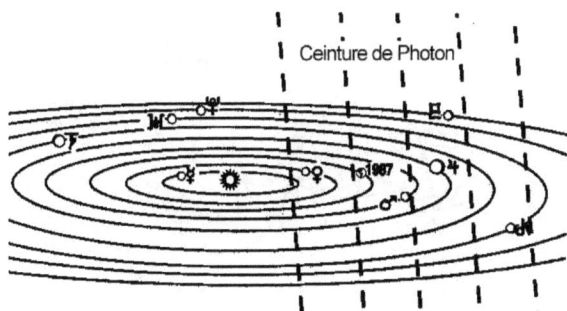

Schéma 6: Notre système solaire pénétrant dans la Ceinture de Photons[17]

---

[17] Traduction du texte original: Clow, Barbara Hand, *The Pleiadian Agenda*, Santa Fe, New Mexico: Bear and Co. Publishing, 1995, p. 37.

Un grand effet nettoyant

L'écoulement vers le bas d'énergies éthérées de plus en plus raffinées ainsi que l'«effet nettoyant» de la Ceinture de Photons auront un impact profond sur le plan terrestre alors que les coquilles astrales et les entités astrales ténébreuses habitant les sous-plans les plus bas, les plus près de la Terre, luttent pour rester en vie.

Le schéma 7 illustre les chemins multidimensionnels, tourbillonnants, des énergies auxquelles notre système solaire est soumis alors qu'il passe à travers la Ceinture de Photons. L'effet sur le plan astral ne peut être que de l'agitation, celle-ci devant tôt ou tard être reflétée sur le plan terrestre.

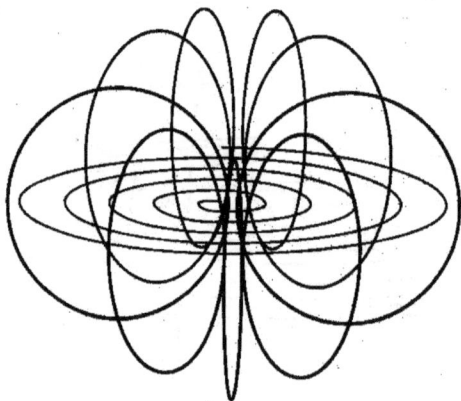

Schéma 7: Le grand effet nettoyant des énergies de la Ceinture de Photons[18]

---

[18] Ibid., p.31.

Des réactions désespérées

Alors que les énergies raffinées poursuivront le nettoyage du plan astral, les Forces des Ténèbres rueront et tenteront d'amener la Terre dans leur chute en utilisant la dépression économique pour justifier le piétinement des droits de l'homme et la militarisation de la société. Leur but est d'engager le monde dans une guerre majeure, pour laquelle des préparatifs sont déjà en route. Ceci est le dernier obstacle pour l'humanité et son association avec les Forces des Ténèbres, et devrait être perçu comme le dernier coup de balai des énergies nettoyantes à travers les sous-plans inférieurs de l'astral.

Les deux forces nettoyantes majeures poursuivront leur action jusqu'à ce que le plan astral soit nettoyé de tout ce qui ne sert pas l'humanité ou la Terre. Ceci résultera dans l'effondrement de tout le système de la finance et du bellicisme que les Forces des Ténèbres ont institué pour contrôler les habitants de la Terre. Ces deux forces nettoyantes seront aussi derrière de vastes changements terrestres se trouvant dans les décennies à venir et qui causeront des bouleversements encore plus grands de notre civilisation. Ces deux forces cosmiques majeures se déversant sur la Terre formeront l'arrière-plan de toutes les actions que l'humanité entreprendra à partir de ce moment. L'humanité peut choisir de se rebiffer contre la tendance et périr, ou faire route avec le pralaya et survivre. C'est une question de choix.

CHAPITRE 3

Les changements terrestres

« L'approche de toute nouvelle obscuration est toujours signalée par des cataclysmes impliquant le feu ou l'eau. »[19] Kuthumi

Les changements terrestres des années qui viennent impliqueront tant le feu que l'eau. Pour traduire les paroles du Maître Kuthumi en termes modernes, une température plus élevée sur la Terre — le réchauffement planétaire — causera la fonte des vastes couches de glace recouvrant le Groënland et le continent Antarctique, la fonte du permafrost dans les confins nordiques des continents nord-américain et asiatique, et la fonte des glaces et du permafrost des différentes chaînes de montagnes élevées de la Terre.[20]

---

[19] Traduction du texte original : Sinnett, A.P, *The Mahatma Letters to A.P. Sinnett*, Adyar, Inde: Theosophical Publishing House, Lettre 23B.

[20] Dans la publication académique *Geophysical Research Letters*, une équipe dirigée par Dr. Isabella Velicogna de l'Université du Colorado à Boulder a découvert que la couche de glace du Groënland a diminué de 162 (plus ou moins 22) kilomètres cubes par année entre 2002 et 2005. Ceci est plus élevé que tous les estimés publiés antérieurement, et représente

« La chaleur des Sept Soleils »

Lors d'une discussion avec un Lama tibétain des Himalayas au sujet des changements terrestres, celui-ci se fit l'écho des enseignements du plus important ordre bouddhiste tibétain, l'ordre Kagya, au sujet de ce qui est sur le point de se produire. Il est dit que la Terre passera par les trois étapes suivantes:

- La chaleur de sept soleils se déversera sur elle
- Cette chaleur sera suivie par des inondations étendues destinées à nettoyer la surface de la Terre
- Ensuite, des vents élevés assécheront certaines régions inondées

Dans le cas d'un Pralaya Majeur, ce cycle se répèterait jusqu'à ce que la Terre soit totalement dénudée de vie. Dans le cas d'un Pralaya Mineur, comme celui auquel nous faisons face actuellement, ce cycle se répètera jusqu'à ce que la Terre soit nettoyée.

Quand ces bouddhistes s'attendent-ils à ce que ces changements se produisent?

---

un changement d'environ 0,4 millimètre (0,016 pouce) par année dans le niveau de la mer à travers le monde. Le Groënland héberge le plus important réservoir d'eau douce de l'hémisphère nord, et tout changement substantiel dans la masse de sa couche de glace aura un impact sur le niveau de la mer de la planète, sur la circulation des océans et sur le climat.

« Bientôt », dit-il. « Je ne sais pas exactement, mais nous croyons que ce sera bientôt. »[21]

Pour illustrer la possibilité de « la chaleur de sept soleils » se déversant sur la Terre, le schéma 8 représente la relation entre notre système solaire et d'autres soleils et comment, à un moment donné, sept soleils pourraient tous se retrouver dans la ceinture centrale de la galaxie.

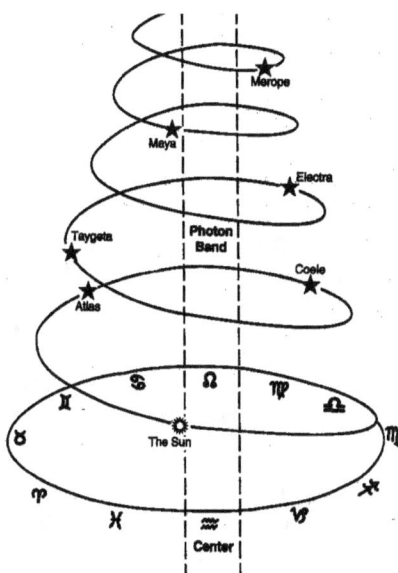

Schéma 8: La coïncidence possible des Sept Soleils. À un moment donné dans le temps galactique (2012?), sept soleils seront alignés au sein de la Ceinture de Photons (chaque étoile représente une étoile et son système solaire).[22]

---

[21] Discussion privée avec Lama Tenzing du monastère Bhutia Busty à Darjeeling, au Bengale de l'Ouest, Inde, en novembre 2005. Cette conversation fut suivie d'une audience privée avec le Karmapa, le pape de l'ordre Kagya, en septembre 2006.

[22] Ibid., p. 33 (modifié).

Est-il possible que le rythme alarmant du réchauffement planétaire actuel soit précurseur de cette chaleur élevée provenant des Sept Soleils? Nous le croyons. En fait, nous faisons déjà l'expérience des effets du réchauffement planétaire — les tsunamis, les tremblements de terre, les ouragans et les inondations — marquant la fin de la Quatrième Sous-Ronde et le début du Pralaya Mineur. L'augmentation de la température occupera une place centrale dans les changements terrestres.

Nous prévoyons que trois étapes de changements terrestres tisseront l'arrière-plan de la survie de la civilisation humaine au cours des prochaines années. À cette fin, nous utiliserons l'année 2012 comme un utile marqueur analytique pour nos esprits liés par le temps.

Peu importe quel chemin l'humanité empruntera, les changements terrestres se produiront, et l'humanité doit décider comment transformer ces changements en opportunités pour créer une société meilleure, une société qui sert l'homme dans sa quête de la Libération de l'Âme.

Étape 1: D'aujourd'hui jusqu'à l'année 2012

Des changements terrestres se produisent depuis des siècles sous forme d'éruptions volcaniques, de changements climatiques, de tremblements de terre et d'événements similaires. Le réchauffement planétaire devrait être notre plus grande préoccupation à l'heure actuelle. D'ici l'année 2012, des inondations locales ou régionales, des tremblements de terre et des tsunamis prendront la Terre d'assaut. Ces changements terrestres 1) serviront de catalyseurs à la chute du régime actuel de la finance et du bellicisme, 2) signaleront aux porteurs de lumière qu'ils doivent se préparer à se déplacer vers certaines Régions Spirituelles dans les hautes terres, et 3) serviront d'avertissement à la population en général quant aux désastres « naturels » encore plus importants à venir.

Étape 2: Changements terrestres de 2012 à 2080

Nous croyons que dans l'hémisphère nord, au cours de la saison morte de l'hiver 2012, les températures atteindront leur sommet alors que les Sept Soleils seront momentanément alignés et concentreront leur chaleur sur notre système solaire. Une telle injection d'énergie provoquera une fonte encore plus rapide des vastes régions de permafrost de l'hémisphère Nord et du continent antarctique, le niveau de la mer s'élevant de manière significative, ayant à son tour un impact très prononcé sur la société humaine.

La fonte accélérée causera des inondations majeures dans les basses terres et les régions côtières partout à travers le monde, résultant en un exode massif des régions les plus basses vers les endroits plus élevés et vers certaines Régions Spirituelles désignées. Au milieu de cette agitation, les porteurs de lumière seront en mesure de saisir cette opportunité de créer une société de transition qui posera les pierres de la fondation d'un Nouvel Âge d'Or (voir les chapitres 6 à 8).

Étape 3: Déplacements continentaux à partir de 2080

Repliées dans les Régions Spirituelles désignées, des sociétés humaines feront l'expérience d'un nouvel éveil. Les porteurs de lumière et ce qui restera des populations civiles mettront en pratique les principes cosmiques qui introduiront éventuellement le Nouvel Âge d'Or dans les Régions Spirituelles, pour se répandre ensuite aux régions avoisinantes. Simultanément, des déplacements continentaux importants se produiront afin de changer la surface de la Terre pour les siècles à venir.

La logique des changements terrestres

Si nous pouvions adopter le point de vue de la Hiérarchie Spirituelle pour porter notre regard sur la Terre, nous découvririons qu'il n'y a que très peu d'endroits sur la surface de la Terre qui n'ont pas été touchés ou altérés d'une manière négative par l'humanité. En vérité, l'humanité est responsable de TOUTE la pollution sur la surface de la Terre. Des nettoyages périodiques sont nécessaires pour que la Terre puisse retrouver sa nature originale. Ainsi, les changements terrestres qui sont en train de se produire ne sont pas des évènements catastrophiques aléatoires, sans dessein ou sans raison. Du point de vue de la Hiérarchie Spirituelle, ils sont cycliques et ont un dessein.

Puisque la plupart de la pollution est localisée près des régions côtières, des voies navigables intérieures et des régions urbaines, il est logique que ces régions soient les plus intensément ciblées pour le nettoyage, lors des deux premières étapes. Les régions où se trouvent les plus importantes concentrations de pollution industrielle et morale sont celles où se produiront les changements les plus importants. Les régions surchargées les plus densément peuplées seront dispersées jusqu'à ce que la Terre retrouve son équilibre et sa clarté.

Les convulsions et les cataclysmes du futur ont pour but de nettoyer et de re-purifier. Ce ne sont pas des punitions pour l'humanité, même si elle est la cause de la pollution. Si un cataclysme devait faire disparaître un grand nombre d'êtres humains, ce serait parce que ces âmes individuelles auront choisi de quitter la Terre de cette manière. C'est pourquoi nous devons bien souligner le fait que la survie de chaque individu est une question de choix. Chacun, chacune choisira de porter son attention aux multiples signaux d'alarme et de se placer hors de danger, ou de succomber.

Étape 1 (avant 2012): Signaux d'alarme quant aux changements terrestres futurs

Aujourd'hui, nous nous trouvons à l'Étape 1 du déroulement d'un processus d'obscuration qui implique 1) l'arrivée d'une matière éthérée raffinée, dont le taux vibratoire est plus élevé, 2) l'accélération du temps et l'effet nettoyant associés à l'entrée dans la Ceinture de Photons, et 3) l'augmentation de la chaleur cosmique produisant le réchauffement planétaire. Nous avons déjà discuté des deux premiers éléments.

Les secousses causées par les désastres naturels périodiques draineront les ressources des nations qui se voudront guerrières, et le pouvoir et la popularité des gouvernements s'érodera alors que leur réponse aux désastres sera bâclée.

Alors que le plan astral subira un nettoyage et que la majorité des Forces des Ténèbres seront expulsées, nous commencerons à faire l'expérience de cette fraternité qui a depuis aussi longtemps éludé l'humanité. Les forces de la bonté et de l'innocence commenceront à être plus nombreuses que celles des forces sombres et négatives, et l'équilibre entre la lumière et les ténèbres penchera du côté de la lumière. L'action de groupe et la coopération atteindront un nouveau sommet, et l'entraide mutuelle et le service se produiront naturellement. L'atmosphère générale sur la Terre sera tellement plus lumineuse, et ce nouvel éclat inspirera chacun à réorganiser sa vie, à aimer ses voisins, et à s'ouvrir aux possibilités des dimensions supérieures.

Mais pendant que nous célèbrerons, nous devrons faire face à des signaux de plus en plus alarmants au niveau des changements terrestres, tels que la fonte rapide des glaces de l'Alaska et du Groënland, et des systèmes météorologiques amenant des pluies violentes sur d'autres parties du monde. Une activité inhabituelle d'ouragans et de typhons dans l'Atlantique et le Pacifique causera des inondations et des pertes en vies humaines plus importantes que la normale. Ce sont là les signaux d'avertissement quant à l'arrivée des changements terrestres les plus importants, et non simplement d'un autre cycle climatique. Ceux-ci devraient inciter les gens à se déplacer vers des endroits plus élevés.

Les signaux d'alarme: vagues de chaleur, tempêtes, fonte des pôles et tremblements de terre

Les scientifiques actuels concluent qu'il se produit une fonte « alarmante » dans les régions arctique et antarctique du globe. Le réchauffement planétaire s'est maintenant frayé un chemin jusqu'à la première page des journaux majeurs. De grands titres tels que « IL Y A EU DE LA PLUIE CET HIVER EN ANTARTIQUE »[23] domineront nos nouvelles. Les rapports géologiques de l'hiver 2005-2006 indiquent que la glace de l'Arctique ne s'est pas reformée, et que de vastes pans du glacier du Groënland tombent à la mer même en hiver. La fonte à atteint encore un nouveau plateau d'accélération. Alors que l'humanité a ajouté au réchauffement planétaire, les blâmes et les bonnes intentions des mouvements anti-réchauffement n'arrêteront pas la fonte. L'« alarme » des scientifiques signifie que le processus d'obscuration est maintenant visible et mesurable et se trouve au seuil de notre porte.

On dit que la température moyenne de l'Océan Arctique était de 23°C il y a environ 55 millions

---

[23] *La Presse*, Montréal, mars 2006.

d'années, et que celle de l'Océan Atlantique était en moyenne de 42°C il y a environ 60 millions d'années. C'était alors l'état de la Terre, et cela se reproduira. Des vagues de chaleur commenceront à envahir la planète. De la chaleur et une accalmie, davantage de chaleur et une nouvelle accalmie, ceci deviendra la tendance évidente dans les deux hémisphères. Au début, ces évènements climatiques se manifesteront dans des régions isolées. Puis ils s'étendront à des régions plus vastes, et ensuite à des continents entiers. Ce sont là des signes qu'il ne faut pas ignorer, mais auxquels il faut prêter attention.

Ce n'est pas seulement la fonte de la glace visible qui élèvera le niveau de la mer et qui gonflera les plans d'eau intérieurs, mais aussi la fonte des vastes zones de permafrost se trouvant au nord du Canada et de la Russie. On rapportera des niveaux de précipitation historiquement élevés dans plusieurs régions autour du monde, et les inondations deviendront plus prononcées dans des régions précédemment arides. Les digues, les barrages et les jetées seront de plus en plus soumises au stress. Les structures enfouies, telles les sous-sols et les stationnements souterrains, seront sujettes à l'infiltration des eaux souterraines, et l'eau commencera à lécher les trottoirs situés le long des lacs et des parcs côtiers. Graduellement, l'eau commencera à montrer des signes qu'elle s'apprête à recouvrir la terre mais, au cours de cette période précédant 2012, la plupart des gens ne seront pas capables de faire le lien entre ces différents évènements et le tableau complet.

Au cours de la période précédant 2012, on vit des ouragans violents tels que Katrina, qui frappa la Nouvelle-Orléans en 2005, des typhons se déversèrent sur le Sud de la Chine et l'Inde en 2005 et en 2006, des inondations ravagèrent l'aride Éthiopie en 2006, des inondations en Europe de l'Est en 2005 et un tsunami dans l'Océan Indien frappa les pays avoisinants en 2005 — ces évènements climatiques, et plusieurs autres, ne sont que des avant-goûts du futur. En plus de tempêtes énormes et spectaculaires et de crues-éclair, des pluies exceptionnellement abondantes et des cyclones monstrueux ravageront l'intérieur des terres. Bien entendu, les scientifiques feront l'erreur de considérer ces tempêtes comme la répétition de cycles climatiques du passé, comme El Niño ou le cycle météorologique de l'Atlantique des années 1930, plutôt que de reconnaître la partie initiale d'un processus d'obscuration.

Des tremblements de terre et des tremblements sous-marins nous secoueront au cours de cette étape du pralaya. Les tremblements de terre se produiront avec une fréquence et une intensité croissantes là où les plaques tectoniques se joignent. Encore une fois, ces événements géologiques doivent être considérés comme des avertissements au sujet d'évènements à venir. Mais, alors que ces évènements gagneront en fréquence et en ampleur, les organisations de secours humanitaire seront tellement taxées qu'elles deviendront inefficaces. Les pertes en vies humaines augmenteront lors de chaque évènement successif, et l'ineptie et l'inutilité des gouvernements seront exposées au grand jour.

Les gens doivent comprendre que ces signes précurseurs signifient qu'ils doivent commencer à penser à un plan, déterminer où aller et comment prendre soin d'eux-mêmes, s'ils choisissent de survivre.

Les changements terrestres accélèrent la chute des Forces des Ténèbres

Ésotériquement parlant, les changements terrestres servent d'atout dans le jeu de cartes de la Hiérarchie Spirituelle. Le château de cartes de la finance (banques d'investissement, maisons de courtage et entreprises similaires), que les Forces des Ténèbres ont construit en collusion avec les gouvernements nationaux, se trouve au bord de l'effondrement. Nous sommes entrés dans une période d'hyper-inflation causée par des gouvernements qui ont inondé le monde d'une monnaie fiduciaire de papier provenant de leurs presses à imprimer, et qui ne possède aucune autre valeur que celle que les gens lui attribuent. Jamais au cours de l'histoire de l'humanité n'y a-t-il eu autant de « liquidités » en argent sans valeur. Le marché des produits dérivés (comme les options et les contrats à terme) est particulièrement vulnérable au plus minime évènement chargé d'émotion. Des « carry trades » fragiles — comme l'arrangement yen-dollar entre les banques centrales du Japon et des États-Unis — saignent le système financier mondial, transférant des profits gargantuesques vers les coffres des Forces des Ténèbres par le biais de leurs mandataires, les banques d'investissement.

La collusion gouvernementale dans ces arrangements financiers corrompus peut se perpétuer à cause de l'ignorance des gens du commun quant fonctionnement du système financier. Ces arrangements deviennent progressivement plus fragiles, et la plus petite crise allumera une panique qui mènera à l'effondrement complet du système financier mondial. Les Forces des Ténèbres ne peuvent contrôler les catastrophes naturelles.

Les inondations et les tremblements de terre ébranleront les économies et la complaisance des gouvernements, les forçant à porter leur attention vers le sauvetage des populations plutôt que vers l'entreprise d'activités financières corrompues et le trafic d'armes. Ils sont confrontés aux évacuations et à l'organisation de déplacements, au financement des réparations, à la gestion du chômage, au paiement de dédommagements aux blessés, à la reconstruction de structures et d'infrastructures dans de nouvelles régions et bien plus. Les désastres naturels exposent le fardeau que sont les gouvernements pour leurs populations. On peut espérer que les désastres naturels éveilleront les gens quant à l'ineptitude et à l'inutilité des gouvernements.

D'un point de vue ésotérique, les changements terrestres joueront un rôle majeur dans le déclenchement de la chute du régime des Forces des Ténèbres et dans l'éducation des populations quant à ce qu'elle soit anticiper après 2012.

Étape 2 (2012-2080): Augmentation de la chaleur solaire, accélération des inondations et régions survivantes

Que la prédiction improbable des érudits de la culture maya au sujet des océans qui se mettraient à bouillir et de la « chaleur des Sept Soleils » se concrétise ou non, la température augmentera constamment au cours de la période qui précède 2012 et, à partir du milieu de l'hiver 2012, un afflux plus important de chaleur solaire accélèrera la fonte des calottes polaires et du permafrost. Pour que le niveau des mers s'élève, cette injection intense de chaleur ne devra que garder la température des deux pôles au-dessus du point de congélation au cours des mois de l'hiver.

Plusieurs d'entre nous vivront pour voir les changements terrestres qui suivront l'afflux intense d'énergie de 2012. La plupart des régions côtières seront inondées de manière permanente et les principaux centres urbains du monde situés le long des côtes seront détruits. Approximativement 70% de la population mondiale vivant le long ou à moins de 100 kilomètres des côtes (4,5 milliards d'êtres humains) sera affectée, de même que les millions de gens vivant près des fleuves et des plans d'eau intérieurs, ces derniers inondant les régions peu élevées, séparant les continents par des mers intérieures et des voies navigables. La plupart des pays verront leur taille réduite ou disparaîtront complètement sous les inondations. Ce sera le retour de l'ère diluvienne de l'arche de Noé.

L'hémisphère Nord comprend de vastes régions de permafrost sub-polaire, s'étendant à travers les terres de l'Asie, la région de l'Atlantique Nord et le continent nord-américain au sud du Pôle Nord. Ces régions sont adjacentes aux régions du monde les plus densément peuplées. Dans l'hémisphère sud, le permafrost se trouve principalement sur le continent relativement isolé de l'Antarctique, là où se trouve le Pôle Sud.

On estime que le permafrost, dont l'épaisseur varie entre 50 et 1000 mètres, recouvre 20% de la surface de la Terre.[24] Il existe à toutes les altitudes, des basses terres jusqu'aux hauts-plateaux et aux pics montagneux. La quantité d'eau gelée dans cette vaste zone est incalculable, mais pourrait littéralement inonder la Terre si elle fondait.

Pour cette raison, on estime que le niveau de la mer s'élèvera de 50 à 80 mètres (150 à 240 pieds) et inondera toutes les régions côtières. Des pays comme les Îles Maldives et le Bangladesh disparaîtront sous les eaux au cours des étapes initiales des inondations, suivis de plusieurs pays dont l'élévation est faible, comme la Belgique et les Pays-Bas.

La fonte du permafrost de l'hémisphère Nord inondera des régions à l'intérieur des terres aussi bien que sur les côtes. Par exemple, en Amérique du Nord, l'eau résultant de la fonte du permafrost s'écoulera vers le bassin des Grands Lacs, lequel

---

[24] « Permafrost », site web du Ministère des Ressources Naturelles, Gouvernement du Canada, 2006.

s'étend de la Baie d'Hudson aux cinq grands lacs, créant un immense plan d'eau qui se frayera un chemin vers l'océan en passant par les fleuves Mississippi et Saint-Laurent. Ces fleuves enfleront pour devenir des mers intérieures qui sépareront le continent nord-américain en trois parties. D'autres fleuves et lacs dans la partie ouest de l'Amérique du Nord au sud de la zone du permafrost se gonfleront et causeront des inondations au cours de leur périple vers la mer.

Dans la région de l'Atlantique Nord, les glaciers fondront pour exposer la terre originale que nous nommons actuellement Groënland. Sa couche de glace mesure jusqu'à trois kilomètres d'épaisseur. On estime que la fonte de ce seul glacier ajoutera sept mètres au niveau actuel de la mer.

Dans les terres immenses de l'Asie, de la Norvège jusqu'à la Sibérie de l'Ouest, la fonte du permafrost créera une vaste mer intérieure dont la frontière s'étendra jusqu'au Nord des Himalayas, dans ce qui est actuellement l'Asie Centrale.

Dans l'hémisphère sud, l'épaisseur de la couche de glace recouvrant les terres de l'Antarctique est estimée à 4,2 kilomètres. Si l'Ouest de l'Antarctique continue de fondre, le niveau de la mer s'élèvera de six mètres. Si l'Est de l'Antarctique fond, alors le niveau de la mer s'élèvera de 70 mètres supplémentaires!

De plus, la chaleur supplémentaire sur la Terre causera une expansion plus rapide des mers dans les régions tropicales et sub-tropicales. Comme dans un jeu de bascule, les terres s'ajusteront au transfert de poids causé par la transformation de la glace en eau, et certaines terres s'élèveront alors que d'autres seront englouties.

Les principales villes seront inondées de manière permanente

Les 70% de la population vivant sur des plaines côtières plates se trouvent entre autres dans 11 des 15 plus importantes villes du monde, localisées près d'une côte, d'une baie ou d'un estuaire. Les centres financiers et commerciaux majeurs — New York, Chicago, Seattle, San Francisco, Shanghai, Tokyo, Sydney, Saïgon-Ho Chi Minh Ville, Singapour, Calcutta, Dubaï, Dublin et Londres — seront éventuellement détruits par les inondations. Les districts financiers de Singapour, Mumbaï (Bombay) et Hong Kong / Macao sont situés sur des terres créées par l'homme au niveau actuel de la mer. Bangkok, Amsterdam, Rotterdam et la Nouvelle-Orléans — qui peut oublier la vue de ces digues — se trouvent à peine au-dessus du niveau actuel de la mer.[25]

Les grandes villes portuaires situées le long des principaux fleuves navigables de l'hémisphère Nord, comme le Rhône (Genève et Lyon), le Rhin (de Bâle à Rotterdam), le Mississippi (St. Paul, St.

---

[25] Selon Jonathan Gregory, scientifique du climat à l'université de Reading en Angleterre, la fonte de la couche de glace du Groënland ferait s'élever le niveau des océans de sept mètres, menaçant de submerger les villes situées au niveau de la mer, de Londres à Los Angeles. Une élévation d'une mètre (trois pieds) submergerait une partie substantielle du Bangladesh et des Îles Maldives.

Louis et la Nouvelle-Orléans), le Saint-Laurent (Toronto et Montréal), les Grands Lacs (Chicago et Détroit), le Yangtsé (Wuhan et Nanjing), le Fleuve Jaune (Zhengzhou et Jinan), le Mékong (Ho Chi Minh Ville), le Gange (Dhacca et Calcutta), l'Indus (Karachi) seront inondées ou emportées par les eaux alors que les vagues causées par la fonte du permafrost s'abattront à partir d'altitudes plus élevées. Les ports commerciaux majeurs construits dans les deltas des grands fleuves du monde, comme le Chao Phraya (Bangkok), le Irrawaddy (Yangon (Rangoon)) et le Niger (Lagos) sont perdus. La plupart des nœuds de communications et des routes de transport — aéroports, lignes et stations de chemin de fer, autoroutes, voies navigables — reliés à ces villes seront aussi inondés.

Des tremblements de terre importants ont toujours menacé le Japon, mais au cours de cette période ils créeront des tsunamis qui frapperont toutes les côtes de la ceinture du Pacifique.

Les plate-formes pétrolières, les pompes et les raffineries situées le long des régions côtières du monde seront inondées. Les vastes terres intérieures où sont situées l'industrie pétrolière de la Russie seront continuellement soumises à une pluie abondante, tout particulièrement lorsque le permafrost nordique fondra et commencera à remplir les régions qui furent jadis des mers intérieures. Alors que le niveau de la mer s'élèvera, la plus grande partie des régions productrices de pétrole du Golfe Persique se retrouveront submergées.

Les messages avertissant les gens d'évacuer les régions côtières en faveur d'endroits plus élevés passeront pour la plupart inaperçues. La majorité des gens choisiront inconsciemment de demeurer sur place et de périr dans les inondations; leurs âmes signaleront ainsi leur volonté de quitter le plan terrestre. Une minorité relativement peu nombreuse se frayera un chemin jusqu'aux endroits plus élevés.

Les régions urbaines en terrain élevé survivent

Malgré les pertes massives le long des régions côtières et dans les basses terres, il est probable que plusieurs régions urbaines et rurales situées dans des endroits élevés survivront aux inondations et demeureront intactes. On estime qu'entre 20% et 30% de la population mondiale habite actuellement des régions situées à plus de 100 mètres (300 pieds) au-dessus du niveau actuel de la mer. Même si nous estimons que le niveau des mers augmentera de 50 à 80 mètres de plus, les mers demeureront turbulentes, avec des tempêtes frappant à répétition les nouvelles lignes côtières avant que le nouveau système climatique soit mis en place.

Les régions urbaines situées sur de hauts plateaux, entourées de terres fertiles et disposant d'un bon approvisionnement en eau fraîche survivront. Ces plateaux ne devraient pas être surplombés de grands lacs ou d'autres plans d'eau.

Les vallées montagneuses parcourues par une rivière, les ravins étroits et les cañons, où des crues-éclair peuvent se produire, seront ravagés par la fonte du permafrost, causant le gonflement des rivières et inondant temporairement ces régions. La plupart des régions sûres se trouvent sur les contreforts de chaînes de montagnes majeures.

À l'exception de quelques îles et atolls du Pacifique et des Caraïbes, la plupart des pays ayant des régions côtières possèdent aussi des régions montagneuses et de hautes terres. À l'exception de l'effet des tremblements de terre, dans le cas des régions assises entre des plaques tectoniques, et du succès des Forces des Ténèbres dans la dissémination de maladies pandémiques, les régions élevées devraient offrir la sécurité à plusieurs millions d'individus.

Voici quelques exemples de régions et de villes élevées:

Amérique du Nord: Boulder et Denver, Colorado, Salt Lake City, Utah, Calgary et Edmonton, Canada, pentes est des Rocheuses

Amérique du Sud: La Paz, Bolivie, Brazilia-Goias dans les hautes terres du Brésil; Argentine: Córdoba, Capilla del Monte

Europe: Madrid, Espagne; Pyrénées et région des Ardennes-Alpes de l'Allemagne, Suisse, plateau transylvanien dans les montagnes des Carpathes

Moyen-Orient: plateau de l'Iran, Turquie, Arménie

Asie Centrale: Afghanistan, Tajikistan et dans les Himalayas

Sous-continent indien: Simla, Darjeeling et Dharamsala dans les contreforts des Himalayas et Ooty dans les ghats occidentaux et orientaux

Chine: Xian, Chengdu, Kunming, Lhasa, plateau tibétain; plateau du Qinghai-Xizang vers l'est jusqu'à la ligne des montagnes Da Hinggan-Taihang-Wushan, composé principalement de plateaux et de bassins dont l'élévation se situe entre 1000 et 2000 mètres

Afrique: Tchad sub-saharien, République Centrafricaine, hautes terres centrales, Goma, Congo; Lac Kivu; Kigali, Rwanda; hautes terres du Kenya, Ouganda; Bujumbura, Burundi

Australie: Le « Great Dividing Range », l'Outback et l'Ouest de Australie

Nouvelle Zélande: Toutes les régions de hautes terres

Il existe des régions élevées sur chaque continent où l'infrastructure de base des communications et des transports demeurera intacte. Parce que ces régions seront coupées des liens terrestres et maritimes, le transport aérien et la téléphonie sans fil seront les seuls liens entre les régions sûres. Néanmoins, l'état des régions sûres au moment des inondations majeures dépendra de la manière dont elles auront survécu aux ravages de la profonde dépression économique et de la guerre mondiale.

Les douze régions spirituelles

Sur chaque continent, dans une région élevée, une Région Spirituelle émergera comme un refuge où les initiés et les porteurs de lumière de la Hiérarchie Spirituelle pourront construire une société de transition qui servira de modèle au reste du monde. De plus amples détails au sujet de ces régions particulières seront présentés dans les prochains chapitres. Ces Régions Spirituelles sont:

Amérique du Nord: (1) de la région de Banff-Lake Louise près de Calgary, Canada jusqu'aux Grand Tetons du Wyoming, États-Unis et (2) le plateau du Colorado

Amérique du Sud: (3) la province de Córdoba en Argentine et (4) la province de Goias au Brésil

Asie: (5) le plateau du Qinghai-Tibet et (6) le plateau du désert de Gobi

Asie du Sud: (7) Darjeeling dans les Himalayas

Australie: (8) la région de l'Outback australien

Moyen-Orient: (9) le plateau iranien près de Yazd

Afrique: (10) les hautes terres centrales dans la région du lac Kivu et (11) le plateau de Ahaggar près de Tamanrasset, Algérie

Europe: (12) le plateau transylvanien dans les montagnes des Carpathes

En concordance avec la plus grande disponibilité de l'eau, les tendances météorologiques de la Terre changeront radicalement au cours des décennies à venir, rendant davantage habitables les régions arides et interdites d'accès telles que l'Outback australien et les plateaux des déserts du Sahara et du Gobi. L'Éthiopie, pays africain très aride, a récemment subi d'importantes inondations. On anticipe qu'un climat très doux, humide, prévaudra sur la Terre. Des pluies régulières se reproduiront dans les régions arides qui furent jadis fertiles et arables.

La treizième Région Spirituelle: la capitale du Nouvel Âge d'Or

La treizième Région Spirituelle sera désignée capitale du Nouvel Âge d'Or autour de l'année 2040. Deux endroits peuvent être considérés: l'Île de Victoria, dans les confins nords du Canada, ou le Groënland. Ce qui sera révélé après la fonte des glaciers et la manière dont ces deux endroits auront été utilisés au cours de la guerre mondiale déterminera si l'un de ceux-ci pourra rencontrer les nécessités karmiques de la Hiérarchie Spirituelle quant à un emplacement aussi sacré.

Les retombées nucléaires et les pandémies

Les inondations côtières et fluviales affecteront inévitablement les centrales nucléaires, puisque la plupart sont situées près de plans d'eau. Les radiations nucléaires provenant des centrales endommagées par les inondations présentent de sérieux dangers. La probabilité que les gouvernements prendront des mesures pour désactiver ces installations sur la foi de prédictions ésotériques est très mince, mais l'homme peut toujours apprendre de sa propre expérience et de ses erreurs.

Les pandémies sont un autre effet des changements terrestres reliés à l'eau. À la suite des catastrophes, certaines maladies naîtront de la libération et de la stagnation de la pollution biologique. D'autres seront induites par l'homme, car lorsque les Forces des Ténèbres réaliseront qu'elles ne pourront plus faire comme bon leur semble dans certaines régions, elles libéreront des pandémies dans le cadre de leur tactique de terre brûlée. Suite à ces pandémies, ces régions auront à subir des années de nettoyage avant qu'elles puissent être utilisées de nouveau, pour le Nouvel Âge d'Or.

Étape 3 (après 2080): Déplacements continentaux

Pendant que la civilisation poursuivra la lutte, confinée dans les hautes terres et les Régions Spirituelles, le reste de la Terre continuera de subir des changements qui altèreront sa surface, telle que nous la connaissons aujourd'hui. Plusieurs survivants habitant loin des Régions Spirituelles seront probablement assujettis à ces profonds changements, sauf s'ils réussissent à rejoindre l'ultime sûreté des Régions Spirituelles. Il est peu probable que qui que ce soit lisant aujourd'hui ce livre sera témoin de ces changements. Nous pouvons tout de même, à titre informatif, jeter un coup d'oeil aux changements de la carte de la surface du monde au cours du Nouvel Âge d'Or.

Le scénario des mille îles

L'arrivée des énergies projetées sur la planète à partir de 2012 causera des changements très profonds à sa surface, des changements qui défieront la science et la logique actuelles. Des continents entiers dériveront dans la même direction que les plaques tectoniques actuelles, ou certaines terres seront englouties, comme cela fut le cas pour l'Atlantide, et quelques terres immergées émergeront des océans.

Lorsque tout sera en place, la configuration des terres et des mers qui est anticipée pour le Nouvel Âge d'Or sera composée d'îles pouvant atteindre la taille de la Nouvelle Zélande ou du Japon, séparées les unes des autres par des plans d'eau plus petits. Ceci contraste avec notre configuration géographique actuelle, composée de vastes étendues de terres ou d'océan. Il n'existera aucune puissance continentale. Un monde composé de milliers d'îles fonctionnera comme un monde sans frontières artificielles. L'eau servira à délimiter les communautés et de moyen de communication principal entre les îles; le transport maritime sous toutes ses formes se redéveloppera.

L'Amérique du Nord

La côte Ouest de l'Amérique du Nord, de la péninsule Baja jusqu'à la péninsule au sud de l'Alaska, se détachera pour former plusieurs îles côtières. Des tremblements de terre feront tomber la moitié de l'Alaska dans la mer. La Central Valley californienne, le désert de Mojave et les basses terres le long de la côte seront submergées par l'élévation de l'océan et la chaîne de montagnes de la Sierra Madre constituera la nouvelle ligne côtière occidentale.

L'eau créera plusieurs grandes îles-continents à partir du continent nord-américain. L'Amérique du Nord sera séparée en trois morceaux: 1) la région à l'ouest du Mississippi, 2) la région à l'est du Mississippi et au sud du Saint-Laurent, et 3) la région à l'est des Grands Lacs et au nord du Saint-Laurent. Alors que le permafrost fondra, la Baie d'Hudson s'étendra au sud jusqu'au bassin des Grands Lacs, débordant dans le Mississippi pour former une longue voie maritime jusqu'au Golfe du Mexique, débordant aussi dans le Saint-Laurent pour former une voie maritime encore plus large reliée à l'Atlantique. Tout le midwest jusqu'aux Rocheuses sera inondé, les Rocheuses demeurant au-dessus des eaux.

Les tremblements de terre segmenteront la chaîne des montagnes Rocheuses et formeront plusieurs îles-continents alors que les plaques tectoniques du Pacifique et de l'Amérique du Nord se déplaceront dans des directions opposées. Les contreforts et les plateaux situés sur les pentes est des Rocheuses constitueront des Régions Spirituelles pour les populations survivantes du continent nord-américain.

Les Amériques Centrale et du Sud

En Amérique du Sud, l'eau séparera une fois encore les Andes des hautes terres situées le long de la côte et qui s'étendent du Brésil (Bahia, Minas Gerais, Parana, Santa Catarina) à l'Argentine. Toutes les basses terres centrales seront inondées depuis la vallée de l'Amazonie jusqu'à la partie sud de l'Argentine. Ce qui est maintenant l'Amérique du Sud deviendra deux grandes îles-continents.

Toute l'Amérique Centrale sera submergée, et le lien entre les Amériques du Nord et du Sud sera rompu.

L'Asie et l'anneau du Pacifique

Alors que des tremblements de terre secoueront les côtés est et ouest de l'anneau du Pacifique, les tsunamis et les perturbations océaniques qui en résulteront submergeront temporairement la plupart des îles du Pacifique, et particulièrement Hawaï. Ensuite, des portions du continent perdu de Lémurie émergeront au milieu du Pacifique.

La plupart des régions côtières de la Chine constituées de basses terres seront inondées au cours de l'Étape 2. Ensuite, à travers une série de mouvements sismiques, tout ce qui restera de la Chine actuelle sera le plateau élevé du désert de Gobi et le plateau du Qinghai-Tibet, qui servira de refuge pour la civilisation chinoise. Cette région fleurira de nouveau sous la race chinoise originale au cours du Nouvel Âge d'Or, comme l'une des Régions Spirituelles.

Les îles de Taiwan et les Philippines seront submergées alors que d'autres terres émergeront du Pacifique.

L'Asie du Sud-Est

La plus grande partie de l'Asie du Sud-Est sera gravement inondée. Toutes les basses terres autour du lac cambodgien de Tonle Sap ainsi que le sud du Vietnam — le delta du Mékong — seront engloutis, et les régions plus élevées du Laos et le Nord du Vietnam deviendront une péninsule.

L'Asie Centrale

La Russie sous le 65ème degré de latitude deviendra un marais détrempé. La fonte du permafrost s'écoulera vers une immense mer intérieure, là où les basses terres de l'ouest de la Sibérie et la steppe kirghize se trouvent actuellement.

L'Asie du Sud

Les basses terres de l'Inde et les vallées des fleuves Indus et Gange seront submergées au cours de l'Étape 2. Les contreforts et les stations de montagne des Himalayas demeureront. Les ghats occidentaux formeront une autre île-continent. Les Himalayas et les ghats occidentaux seront deux des Régions Spirituelles dans lesquelles l'humanité continuera son évolution.

L'Australie et la Nouvelle Zélande

Le côté est de l'Australie sera submergée, alors que le désert occidental deviendra davantage habitable. La Nouvelle Zélande sera repoussée vers le haut pour former une île-continent plus grande.

La Nouvelle Zélande et le désert à l'ouest de l'Australie serviront de Régions Spirituelles dans l'hémisphère sud.

L'Europe

Les îles britanniques et la plus grande partie de l'Europe de Ouest, incluant les basses terres de l'Allemagne, de la France, de l'Italie et de l'Espagne seront submergées. La plus grande partie de la Scandinavie demeurera intacte même si ses régions côtières seront englouties.

Les bassins fluviaux de l'Europe de l'Est seront submergés. Les Carpathes émergeront en tant qu'île-continent et Région Spirituelle.

Les populations du Nord de l'Europe trouveront refuge dans les hautes terres scandinaves, alors que les populations de l'Europe de l'Ouest et de l'Est devraient se rendre dans la chaîne de montagnes des Carpathes.

Une grande île-continent émergera de l'Atlantique Nord entre l'Amérique du Nord et l'Europe.

Le Moyen-Orient

Le Golfe Persique deviendra une immense mer recouvrant l'Arabie Saoudite, le Koweït et l'Irak, s'étendant de l'Égypte jusqu'aux rives occidentales de l'Inde. Au nord, l'Iran et la Turquie seront inondées. Ainsi, la Mer Caspienne, la Mer Noire et l'est de la Méditerranée ne formeront qu'un seul plan d'eau. Le canal de Suez n'aura plus aucune utilité. Toute la péninsule arabique à l'est de Suez sera submergée.

L'Afrique

Le continent africain actuel sera séparé en quatre îles-continents: 1) la région de l'Ouest de l'Afrique, les fleuves Niger et Sénégal se sépareront du Nord et deviendront une grande île, 2) la plus grande partie de l'Afrique subsaharienne sera recouverte par l'eau alors que le niveau élevé des mers inondera les systèmes fluviaux et les régions avoisinantes. Le delta intérieur du fleuve Niger au Mali formera un immense lac. Cependant, l'aride plateau Nord du Sahara, là où exista jadis un Âge d'Or sous la direction de Sanctus Germanus, demeurera intact et formera une nouvelle île-continent. Des pluies intenses contribueront à régénérer cette région. La mer intérieure qui se trouve actuellement sous le Sahara fera surface et se joindra au nord à la Méditerranée. 3) Ce qui est aujourd'hui le sud et le sud-est de l'Afrique se séparera du continent principal pour devenir une île-continent, et 4) les hautes terres centrales où se trouvent le Kenya, le Burundi et le Rwanda demeureront intactes et constitueront une des Régions Spirituelles au cours de cette longue période de changements continentaux. La plupart de l'Égypte sera submergée.

L'émergence de nouvelles terres

Alors que se déroulera la fonte des glaces polaires et du permafrost, de vastes terres originelles seront révélées dans les confins nordiques du Canada et de la Russie, terres qui seront utilisées au cours du Nouvel Âge d'Or. Le Groënland émergera comme une région tempérée dont les terres vierges seront exposées une fois que les glaciers auront fondu. Néanmoins, ces régions post-diluviennes ne seront pas complètement drainées et ne deviendront pas habitables avant plusieurs décennies, sinon des siècles.

Quelques îles, telles que celles dans le Pacifique où sont situés des volcans actifs, s'élèveront davantage du fond des océans. Celles-ci prendront la forme de grandes terres au milieu de l'océan et deviendront des îles-continents. Les îles actuelles deviendront les futures hautes terres de ces îles-continents et les pluies qu'elles contribueront à créer, s'écoulant pendant des décennies, nettoieront les régions salines plus basses. La plupart de ces régions demeureront inhabitées jusqu'à ce qu'elles soient repeuplées des siècles plus tard.

Les survivants de l'Étape 3 du pralaya seront éparpillés à travers le monde dans différentes Régions Spirituelles. La manière dont ces régions amèneront l'Âge d'Or tant promis sera discutée dans les prochains chapitres.

* * *

La plupart d'entre nous ferons l'expérience des Étapes 1 et 2 au cours de notre vie. Plusieurs pourront choisir de ne pas poursuivre après l'accomplissement de l'Étape 1, mais les autres seront motivés à continuer à l'Étape 2 par un sens du devoir et de la mission. Les porteurs de lumière ont été placés sur le plan terrestre au cours de cette période pour informer et pour diriger l'humanité du mieux qu'ils le peuvent à travers le pralaya. Nous verrons maintenant qui sont ces personnes et quelles tâches se trouvent devant elles au milieu des changements terrestres.

CHAPITRE 4

Le rôle du porteur de lumière

« ... quand un homme arrive à « voir » sur le plan astral
et à garder l'équilibre et le calme au sein des forces qui
vibrent en lui, il est prêt à l'initiation. »[26] Djwal Khul

Au sein du chaos du pralaya actuel, la
Hiérarchie Spirituelle a fait appel aux plus
brillants et aux meilleurs pour servir de phares de
lumière à une humanité souffrante. Ceux-ci sont
des porteurs de lumière éprouvés et authentiques,
des « vrais de vrais », qui ont consacré des milliers
de vies à parcourir le sentier long et ardu des
Initiations de la Hiérarchie Spirituelle. Dans ce
chapitre, nous identifierons les porteurs de
lumière, discuterons du rôle de leadership qu'ils
joueront au cours du pralaya, et discuterons de la
crise actuelle envers l'engagement.

---

[26] Extrait de la version française de : Bailey, Alice A., *A
Treatise on White Magic or the Way of the Disciple*, New York:
Lucis Publishing Company, 1934, p. 221.

Qui sont les porteurs de lumière?

Il y a plus de quatre cents ans, les Maîtres de Sagesse et leurs initiés ont élaboré des plans pour le pralaya actuel et l'Âge d'Or qui le suivra. Puisqu'il s'agit d'un Pralaya Mineur impliquant une destruction partielle, la Hiérarchie décida de tenter une expérience destinée à offrir à la civilisation une autre chance de corriger ses erreurs, de remodeler la société et de se préparer à un Âge d'Or. Se rendant compte que l'humanité aurait besoin de toute l'aide qu'elle pourrait rassembler, la Hiérarchie appela des volontaires, parmi ses propres initiés de haut rang et parmi d'autres évolutions plus élevées, à se réincarner sur la Terre au cours de cette période.

La Hiérarchie s'appuierait d'une manière très importante sur les quatre niveaux d'initiés, aussi bien que sur les disciples et les disciples en probation sur le Sentier, pour mener à bien le Plan Divin. Le schéma 9, ci-dessous, présente la Hiérarchie Planétaire ou gouvernement intérieur de notre planète, et comment celle-ci atteint le plan terrestre à travers ses initiés et ses disciples. Du Seigneur du Monde, Sanat Kumara, jusqu'au disciple en probation sur le Sentier, le rôle des initiés en tant qu'intermédiaires entre le plan terrestre et la Hiérarchie Spirituelle est essentiel.

LA HIÉRARCHIE PLANÉTAIRE

LE SEIGNEUR DU MONDE
Sanat Kumara
(Connu comme l'Ancien des Jours)
Les Trois Kumaras
Reflets des 3 Rayons Majeurs et des 4 Rayons
Mineurs

LES CHEFS DES TROIS DÉPARTEMENTS

1. L'aspect Volonté	**2. L'aspect Amour-Sagesse**	**3. L'aspect Intelligence**
Le Manu	Le Christ--Instructeur Mondial	Le Mahachohan
Maître Morya	Maître Kuthumi	Maître Sanctus Germanus
Maître JMH		Le Maître Vénitien
Maître Jupiteur	Maître Djwal Khul	Maître Hilarion
	Un Maître européen	

Des milliers d'autres
Maîtres
(Plans Spirituels)
(Plan terrestre)

Quatre degrés d'Initiés
Initié du quatrième
Initié du troisième
Initié du deuxième
Initié du première

Différents degrés de
disciples

Individus sur le
Sentier de Probation

Humanité en général

Schéma 9: Les quatre niveaux d'initiés sur le plan
terrestre et leur relation avec la Hiérarchie Spirituelle

La Hiérarchie Spirituelle présenta le Sentier de
l'Initiation à l'humanité il y a des millions
d'années pour que les humains puissent, par
l'évolution spirituelle, joindre les rangs de la

Hiérarchie. Éventuellement, les individus spirituellement avancés qui réussiraient à passer à travers les coups durs de l'école de la Terre évolueraient jusqu'au point d'atteindre la Maîtrise et pourraient occuper de hauts postes cosmiques au sein de la Hiérarchie. De cette manière, le Logos Planétaire n'aurait pas à s'appuyer sur des âmes avancées provenant d'autres planètes pour remplir les rangs de la Hiérarchie de la Terre, mais pourrait tirer parti d'initiés avec une expérience de la Terre. C'est le cas aujourd'hui, où la plupart sinon tous les initiés approchant la Maîtrise, et les Maîtres de Sagesse eux-mêmes, sont le fruit de l'expérience terrestre. En tout temps, on compte par milliers ceux qui cheminent sur le Sentier de l'Initiation.

Ainsi, du groupe des initiés désincarnés sur le plan spirituel, des milliers se portèrent volontaires pour mettre de côté la poursuite de leur illumination individuelle dans le but de se réincarner au cours de cette période de bouleversements. Ils prirent cette décision par compassion pour l'humanité et sont connus sur Terre comme des *bodhisattva* ou *porteurs de lumière.* Les volontaires furent mis en présence du Conseil du Karma, et un sur trois fut choisi pour l'incarnation.[27]

Les volontaires travaillèrent étroitement avec des équipes des trois départements de la Hiérarchie, guidées par le Maître Sanctus Germanus, à élaborer des plans pour le pralaya.

---

[27] Traduction du texte original: Innocenti, Geraldine, *Bridge to Freedom Collection of Channelings*, 1953.

Plusieurs de ces volontaires avaient déjà réussi la Quatrième Initiation et n'avaient plus à se réincarner sur Terre pour progresser. Certains étaient déjà parvenus à la Deuxième ou à la Troisième Initiation. D'autres se portèrent volontaires pour la réincarnation plusieurs fois pendant la période de quatre cents ans, afin d'acquérir les habiletés susceptibles de les rendre plus utiles au cours du pralaya. Dans plusieurs cas, au moins huit à dix générations d'incarnations ont été nécessaires à ces âmes pour se préparer au rôle critique qu'ils auraient à jouer dans les années à venir.

Ceux qui furent choisis étaient *la crème de la crème*. Jamais auparavant dans l'histoire de l'humanité autant de luminaires du passé n'ont-ils choisi de revenir sur le plan terrestre une dernière fois, pour passer leur vie à apprendre et à maîtriser un domaine de réalisation — que ce soit la finance, la politique, la banque, l'éducation, les beaux-arts et la musique — dans le but de transporter les aspects positifs de ces disciplines jusque dans le Nouvel Âge d'Or. En plus d'acquérir une expertise professionnelle, quelquefois dans des domaines dominés par les Forces des Ténèbres, ces luminaires ont tous une chose en commun: une aspiration pour le monde spirituel, peu importe la difficulté ou la facilité de la mission.

La création d'un porteur de lumière

Au cours des siècles qui précédèrent le pralaya, les porteurs de lumière se réincarnèrent à des centaines, sinon des milliers d'occasions pour apprendre les leçons de l'école de la Terre. Pendant plusieurs vies ils se démarquèrent consciemment des masses, entrant sur le Sentier de l'Initiation et devenant les serviteurs de l'humanité. Le processus résumé ci-bas décrit comment ils sont devenus des initiés et ont choisi de revenir pour aider ceux qu'ils ont laissé derrière.

L'humanité en général s'étend des masses luttant pour rencontrer leurs besoins quotidiens jusqu'aux personnes d'une grande richesse et aux réussites matérielles impressionnantes. Dans l'ensemble, le développement spirituel les intéresse relativement peu. Des masses, les candidats au processus de l'initiation se démarquent. N'importe quelle âme est la bienvenue sur le Sentier de l'Initiation, en débutant tout d'abord par l'aventure du Sentier de Probation.

À ce point, la personnalité commence à prendre conscience d'elle-même et prend des mesures pour corriger ses faiblesses. Chaque fois qu'elle se réincarne, la personnalité reprend là où elle a laissé dans la vie précédente, jusqu'à ce que l'âme la mène fermement sur le Sentier de Probation. Au cours de cette étape, un Maître prend connaissance des efforts de l'âme, et assigne un initié ou un disciple à prendre soin de celle-ci. Après plusieurs vies sur le Sentier de Probation, l'âme produit une personnalité qui atteint le statut de disciple du Maître et devient consciente de travailler dans le cadre d'efforts de groupe plutôt que seulement pour elle-même. Si le disciple a la chance de disposer d'argent, celui-ci devrait être utilisé pour le bien du service.

Après plusieurs vies, l'âme est prête à passer par le portail de l'Initiation. Plusieurs vies se déroulent au niveau de la Première Initiation, alors que l'âme lutte pour amener le corps physique et les désirs de celui-ci sous contrôle. Cette tâche accomplie, l'âme passe alors à la Seconde Initiation, où elle amène le corps astral ou émotionnel sous son contrôle. Puis vient la Troisième Initiation (la Transfiguration), où l'initié apprend à contrôler son véhicule mental et à manipuler la matière des pensées. Les Deuxième et Troisième Initiations peuvent être accomplies en l'espace d'une vie. Finalement vient la Quatrième Initiation (la Crucifixion), où le porteur de lumière est en réalité un adepte qui a maîtrisé les corps physique, éthérique, astral et mental et touche même aux deux sous-plans les moins élevés de son véhicule sur le plan bouddhique. Après la Quatrième Initiation, il n'est plus nécessaire que l'âme se réincarne sur le plan terrestre. Les Troisième et Quatrième Initiations sont accordées par Sanat Kumara Lui-Même.[28]

Les Maîtres de Sagesse connaissent l'histoire de l'âme de tous et chacun des porteurs de lumière, leurs enregistrements akashiques étant entreposés dans la Salle des Enregistrements de Shamballa. Par conséquent, la Hiérarchie Spirituelle, ayant à sa disposition l'histoire complète de l'âme, est

---

[28] Pour plus d'information au sujet du processus de l'initiation, consultez *Initiation Humaine et Solaire* de Alice A. Bailey.

seule en position de pouvoir conférer l'initiation aux individus. À ce jour, aucune organisation humaine sur le plan terrestre n'est autorisée ou capable d'initier des disciples au nom de la Hiérarchie.

Néanmoins, plusieurs organisations Nouvel Âge prétendent administrer des harmonisations (*attunements*) ou des initiations, promettent des formules rapides pour l'ascension et prétendent réaliser les cérémonies d'initiation de la Hiérarchie. Ces organisations ont trompé grossièrement plusieurs porteurs de lumière bien intentionnés qui cherchent seulement à récupérer les plans de leur âme. Cependant, si des porteurs de lumière se permettent d'être trompés, ils prouvent alors qu'ils ne sont pas disposés au vrai service envers la Hiérarchie.

Les porteurs de lumière d'aujourd'hui

Peu importe l'avancement des initiés au moment de leur réincarnation, une fois incarnés, ils sont assujettis à un voile mémoriel qui empêche leur conscience d'accéder à toute connaissance antérieure et aux plans de leur âme. Le terrain de jeu est le même pour tous, pour ainsi dire, jusqu'à ce que le porteur de lumière se rende compte de sa voie et redécouvre les plans qu'il ou elle a élaborés.

Partie prenante du Plan Divin, les porteurs de lumière sont revenus sur la Terre pour accomplir une mission plutôt que pour atteindre la sainteté. Nous faisons cette affirmation un peu à la blague, parce que pour accomplir leur mission, ils devront aussi posséder plusieurs des qualités de la « sainteté ». Tous les porteurs de lumière ont passé des vies antérieures dans quelque forme d'auto-abnégation, de sacrifice et de pureté dans le service envers l'humanité, sur la route de la réussite de l'intégration de l'âme avec la personnalité. Plusieurs contribuèrent aussi à l'avancement de l'humanité par leurs percées scientifiques et artistiques. Certains furent des hommes d'état dont les politiques et la persévérance libérèrent leurs camarades humains de l'oppression, que celle-ci soit politique ou sous une autre forme. Quelques-uns travaillèrent sans repos pour soulager la souffrance humaine et offrirent plusieurs oeuvres positives à l'humanité au prix d'un grand sacrifice personnel. Leurs vies antérieures ont formé leurs âmes au service envers l'humanité.

De retour encore une fois, plusieurs porteurs de lumière souffrent énormément pendant leur enfance, principalement parce qu'ils choisissent d'équilibrer tout karma résiduel le plus tôt possible, avant d'entrer totalement au service de la Hiérarchie au cours du pralaya. Ils choisissent souvent des familles où ils souffriront d'abus physiques ou psychologiques, car l'enfance est comme un camp d'entraînement pour eux. Souvent, ils ne correspondent pas au reste de leur famille, et en fait quelques-uns ne ressemblent même pas à leurs parents biologiques. Au sein de leur famille, ils ressortent comme différents ou même comme moutons noirs.

Les porteurs de lumière peuvent aussi souffrir dans les institutions d'éducation normales car ils ont tendance à ne pas se conformer aux rites de croissance habituels. Leurs âmes matures, déjà éprouvées, ne voient souvent pas le besoin de prendre part à la bêtise qui imprègne l'éducation secondaire. Leurs camarades les considèrent souvent comme des « rejets » sociaux, ceci ayant pour résultat de les faire souffrir de solitude. Cependant, il est très probable qu'ils excellent au niveau académique. Leur force intérieure les soutient au cours de la douloureuse période de croissance, et plusieurs commencent à trouver une force intérieure et professionnelle une fois devenus indépendants de leur famille.

Plusieurs porteurs de lumière auront tôt fait de rejeter les religions traditionnelles car ils ont déjà surpassé les limitations du dogme au cours de vies antérieures. D'autres choisissent de travailler au sein des religions traditionnelles en tant que réformateurs, rebelles ou innovateurs. Néanmoins, la plupart choisissent de demeurer spirituellement neutres et sans affiliation avec les mouvements religieux traditionnels.

Alors que plusieurs atteignent le zénith de leur carrière professionnelle, leur aspiration spirituelle devient de plus en plus intense. Certains quittent leur poste alors que d'autres luttent pour conserver leur intérêt envers leur travail tout en répondant à leur aspiration spirituelle intérieure. Une quête débute. Le porteur de lumière commence à rechercher des réponses dans les autres dimensions, en consultant des astrologues, des médiums et des « psychiques »; ils se plongent dans des livres sur les expériences de mort imminente ou visitent les nombreux sites internet orientés vers la spiritualité. Ils reçoivent une réponse à quelques questions, mais ils demeurent inévitablement avec davantage de questions que de réponses. C'est habituellement à ce moment que le porteur de lumière commence à récupérer sa dernière initiation.

La récupération du dernier niveau d'initiation[29]

Lors de l'élaboration de ses plans, le porteur de lumière a généralement placé un déclencheur destiné à l'éveiller au sentiment profond qu'il doit remplir un genre de mission spirituelle. Cet éveil devrait se produire au cours des années menant à 2012. Ce déclencheur peut être une profonde crise émotionnelle, une insatisfaction croissante envers la vie en général ou la simple soumission au sentiment que les priorités de leur vie doivent changer. « Quelque chose ne va pas » dans sa vie et le porteur de lumière a la sensation de se heurter à un mur de briques.

Alors que cet éveil asticote le porteur de lumière, il ou elle se sent poussé à regarder vers le côté spirituel de la vie. Là débute un processus graduel de renversement des priorités de la vie, de recherche dans les enseignements spirituels et de reconnection avec l'âme, jusqu'à ce que le côté spirituel devienne plus important que le côté professionnel. La poursuite des injonctions de cet éveil requiert que le porteur de lumière rétablisse

---

[29] Dans le chapitre 5, nous esquissons comment accomplir cette récupération.

le contact avec son Soi Supérieur et, ce faisant, qu'il ou elle se re-lie au Plan Divin.

Habituellement, la récupération implique une répétition rapide de toutes les étapes ardues, de la probation jusqu'au discipulat et ensuite jusqu'aux initiations elles-mêmes. Par la méditation profonde, l'étude et le service, ce parcours accéléré vers l'initiation peut être complété en quelques années plutôt qu'en plusieurs vies. Le processus peut être très éprouvant, car il demande l'accélération des vibrations du véhicule physique, tellement que, quelquefois, le corps devient trop faible pour pouvoir supporter les transformations rapides. Cependant, ce processus se déroule sous la supervision d'un Maître.

Alors que le porteur de lumière reproduit le processus de l'initiation dans une forme condensée, il ou elle doit aussi faire face à toutes les mauvaises habitudes et au karma créés au cours de sa présente incarnation. La récupération peut être aussi vivifiante que profondément bouleversante pour la personnalité du porteur de lumière; c'est pourquoi plusieurs se rangent sur le côté du sentier et abandonnent.

Ceux qui récupèrent avec succès leur niveau d'initiation antérieur peuvent devoir réapprendre de quelle manière servir l'humanité. Le service est inscrit au sein de l'âme du porteur de lumière, mais les circonstances de la vie et la personnalité peuvent obscurcir sa manifestation. Habituellement, l'expertise professionnelle du porteur de lumière est apparentée au domaine de son service divin. Mais cette expertise ne peut être située, dans le cadre d'un service local ou mondial, avant que le contact ne soit rétabli avec le Soi Supérieur du porteur de lumière.

Une alternative à la récupération

La Hiérarchie Spirituelle a utilisé un autre type de dispositions pour amener en incarnation les luminaires du passé ou les initiés avancés qui sont occupés à d'autres projets dans les dimensions spirituelles. Une première âme se porte volontaire pour s'incarner et préparer un véhicule corporel de la naissance jusqu'à un moment déterminé, habituellement une crise émotionnelle, auquel point cette âme quittera le corps pour qu'une seconde âme, plus avancée, la remplace. Alors que la première âme quitte graduellement, la personnalité se frôle à la mort ou, psychologiquement, souhaite mourir. C'est là l'indication d'un remplacement, que l'on nomme « walk-in ».

Le corps physique conserve toute l'éducation, l'entraînement et les mémoires de la première âme et, à l'exception de différences subtiles au niveau de la personnalité, l'entrée de la nouvelle âme passe habituellement inaperçue sauf par ceux qui connaissent la personne intimement ou qui sont eux-mêmes des « walk-ins ». Le corps est revivifié par la nouvelle énergie vitale, et poursuit la mission définie par sa nouvelle âme. Une période d'ajustement physique, qui peut être éprouvante et inconfortable, se produira tout de même.

La récupération ou le « walk-in » réussis

Alors que les porteurs de lumière les plus avancés récupèrent leur niveau d'initiation antérieur et que les « walk-ins » s'installent dans leur nouveau véhicule corporel, ils deviennent davantage conscients de, ou récupèrent, leurs capacités antérieures de Magiciens Blancs. Lorsque ces capacités émergent à travers la personnalité, elles sont dirigées vers le contexte du pralaya et des bouleversements à venir. Les porteurs de lumière qui récupèrent leur statut de Magiciens Blancs pourront accomplir beaucoup de bien au cours de ces moments éprouvants. Possédant une compréhension du contexte des changements terrestres, ils sont en mesure de devenir des porte-parole de la Hiérarchie Spirituelle, expliquant à leurs voisins et à leurs amis les raisons des bouleversements, présentant cette information comme matière à réflexion au public général, à leurs familles, à leurs amis et à leurs collègues.

Il est habituel que la majorité de l'humanité soit contrariée et résiste à cette information; peut-être même qu'elle argumentera agressivement contre elle. Les idées nouvelles qui dérangent les notions préétablies doivent nécessairement causer un inconfort, la résistance au changement étant l'un de nos traits distinctifs. Les porteurs de lumière se verront accuser d'être des colporteurs de négativité et des prophètes de malheur parce que le public ne veut rien entendre qui modifie le *statu quo.* En même temps, des changements terrestres violents et catastrophiques et de l'agitation pourront toucher la communauté du porteur de lumière, causant le réveil de plusieurs: éventuellement, le porteur de lumière sera en mesure d'émerger comme un leader sensé au milieu de la folie.

À cause du contexte d'urgence dans lequel nous sommes actuellement, il n'est pas rare pour un porteur de lumière re-lié de recevoir une « promotion » dans son niveau d'initiation, habituellement méritée en passant par le processus rapide et souvent douloureux de récupération.

Une crise envers l'engagement

Les années 2006 et 2007 coïncident avec un rapide démantèlement des marchés financiers, qui affectera tout le monde. La Hiérarchie Spirituelle estime que les porteurs de lumière auront à ce moment pris une décision quant à leur engagement envers le service. Comme nous l'avons souligné plus haut, un tel engagement implique le processus de récupération du niveau de développement spirituel d'une vie antérieure, la consolidation de ce niveau d'initiation au cours de l'incarnation actuelle, la réalisation de la mission de service pendant cette vie et le passage à un niveau d'initiation supérieur. Par exemple, si le porteur de lumière a atteint le niveau de la Seconde Initiation dans une vie antérieure, il ou elle doit récupérer ce niveau et, par un plus ample service, pourra probablement atteindre la

Troisième ou même la Quatrième Initiation au cours de sa vie actuelle.[30]

Au cours de leurs heures de sommeil, les porteurs de lumière continuent à se rencontrer sur les niveaux les plus élevés du plan astral et travaillent activement en tant que groupe de serviteurs du monde, se préparant pour les événements futurs. La contradiction entre les activités nocturnes et diurnes du porteur de lumière est ce qui cause le malaise et la poussée vers l'éveil à sa mission, car c'est au niveau conscient que le porteur de lumière doit en venir à une décision au sujet du service envers la Hiérarchie Spirituelle. Une fois cette contradiction résolue, les activités de la nuit et les activités conscientes du jour s'harmonisent, et un sentiment de paix intérieure règne chez le porteur de lumière.

Les demandes de la vie

Au cours des heures du jour, trop de porteurs de lumière potentiels sont submergés par les détails et les problèmes de leur vie terrestre. Les problèmes et les obligations familiales; les conjoints sans sympathie; la facilité et le confort de la vie matérielle ou, inversement, les difficultés causées par le manque de ressources financières; l'égotisme acquis au cours de l'incarnation actuelle; l'ambition et le pouvoir — tout cela contribue la gamme des excuses utilisées

---

[30] Les « ascensionnistes » qui promettent n'importe quelle initiation au-delà de la quatrième dénaturent grossièrement le Sentier de l'Initiation et en font une véritable farce.

pour ne pas répondre aux injonctions de leur Soi Supérieur.

Simultanément, les Forces des Ténèbres sur le plan astral focalisent leur attention vers les porteurs de lumière alors qu'ils tentent de se frayer un chemin à l'aveugle à travers le labyrinthe de leur incarnation actuelle, les trompant et les malmenant le long de la route, faisant en sorte que, dans plusieurs cas, ils ont recours aux drogues ou à l'alcoolisme, choisissent des situations familiales impossibles ou contractent des maladies précoces.

Les tentations du pouvoir et de l'autorité ont aussi égaré plusieurs de ceux qui sont entrés dans les domaines des gouvernements ou des corporations. Quelques porteurs de lumière ont pris leur carrière trop au sérieux et ont été saisis par la *maya* de leur profession ou de leur position sociale. D'autres savent au plus profond d'eux-mêmes qu'ils sont des porteurs de lumière mais sont incapables de délaisser la vie d'aisance dont ils bénéficient. Ces timorés et dilettantes spirituels trouvent que les nécessités de l'engagement contrarient souvent leurs plans humains.

Même de grands luminaires spirituels ont été mis à l'écart par des problèmes psychologiques. Quelques-uns, pour qui la relation gourou-étudiant a créé une large suite, ont déraillé de leur voie. Les temps actuels sont si sombres et confus que plusieurs porteurs de lumière ont perdu le contact avec leur mission originale.

Ainsi, plusieurs porteurs de lumière ont encore à s'engager définitivement envers le service divin qu'ils ont promis de réaliser présentement, même s'ils sont conscients que quelque chose s'éveille en eux.

Considérant qu'il est probable que seulement un porteur de lumière incarné sur dix s'éveillera pour remplir sa mission, et que la plupart de ceux-ci ne souhaiteront servir que du bout des lèvres, les Maîtres de Sagesse ne sont que trop conscients que, une fois incarné, le voile qui recouvre la mémoire peut aveugler la personnalité. Le Maître El Morya décrit ainsi Son expérience:

> Depuis Notre introduction à la « société », Nous avons été soumis à ces « invitations » qui seraient risibles si tant ne dépendait pas d'elles.
>
> Les premières ouvertures timides envers Nous de la part des pionniers spirituels les plus « audacieux » se déroulèrent un peu comme ceci... « Je dis! Êtes-vous là? Bien, si vous êtes là, s'il-vous-plaît, venez... mais mon monde est en parfait état de marche. *S'il-vous-plaît, ne dérangez rien...* Il serait « plaisant » si vous restiez quelque temps et *me disiez tout au sujet de moi-même!* »
>
> Maintenant, en face de cela, Nous ne pouvons même pas penser à une personne sans dérager le rythme de leurs mondes, sans même passer le seuil jusqu'à une association réelle avec eux; ainsi la porte est fermée avant même que Nous puissions accuser réception de l'invitation, si vous pouvez appeler cela une invitation!

Dans les rares occasions où il Nous fut permis de répondre et d'entrer dans le monde du porteur de lumière, bien entendu des *choses commencèrent à se produire*. La batterie vivante de Nos énergies, peu importe de combien celles-ci sont atténuées, énergise tout ce qu'elle touche. Par conséquent lorsque nous entrons dans la conscience, le réarrangement du monde de l'étudiant commence. Ceci est inconfortable comme les déménagements, les rénovations et les améliorations le sont toujours pour le soi, qui prend plaisir à la stagnation. Alors — la RÉACTION! La déception envers les Invités, et habituellement une « éviction forcée » et par conséquent la clôture de « l'association harmonieuse » entre l'homme et ses Maîtres![31]

Donc, alors que les crises dans le monde prennent de l'ampleur, une crise envers l'engagement fermente au sein des rangs des porteurs de lumière.

Les problèmes de méditation

La méditation est la meilleure manière d'atteindre le contact avec notre âme. Plusieurs jonglent avec la méditation mais ne peuvent pas se concentrer ou persévérer suffisamment longtemps pour faire un progrès notable. Plusieurs porteurs de lumière luttent avec les méthodes les plus simples, incapables de se concentrer ou de visualiser, car leur esprit tournoie dans les problèmes et les conflits de la vie. La nervosité s'infiltre, des bouleversements

---

[31] Traduction du texte original: Printz, Thomas, *The First Ray*, Bridge to Freedom, Mt. Shasta: Ascended Master Teaching Foundation, 1953, pp. 24-25.

émotionnels momentanés interrompent la concentration, et bientôt toute pratique régulière de méditation est abandonnée au profit des autres demandes de la vie.

Le Maître Djwal Khul nous informe qu'une bonne éducation entraîne le mental à la concentration. Le scientifique, le politicien, le médecin, l'avocat, l'homme d'affaires — tous ceux qui oeuvrent dans un domaine d'activité qui requiert de la concentration — tendent à avoir davantage de succès à méditer que ceux dont le mental n'est pas entraîné.

La concentration et la visualisation résultent de la discipline, d'un travail infatigable et de la force de la volonté. Il n'y a pas de raccourci. Le contrôle des errements du mental est uniquement l'affaire de son propriétaire. La réussite du contrôle du mental est ce qui sépare le porteur de lumière utile du timoré ou du dilettante spirituel.

L'isolement et la peur

Les porteurs de lumière sont éparpillés d'un bout à l'autre de la Terre, participant à tous les secteurs de la société humaine, dans tous les pays et toutes les cultures. Il est improbable qu'ils soient concentrés de manière importante dans une région particulière. Puisqu'il n'y a aucune église ou organisation formelle dans laquelle ils peuvent rechercher de la compagnie, leur éveil peut exacerber la peur et le sentiment d'isolement qu'ils ont pu ressentir tout au long de leur incarnation actuelle, car ils ont été différents dès leur naissance. Néanmoins, ils doivent apprendre à se tenir debout dans un isolement relatif jusqu'au jour où ils se joindront à d'autres porteurs de lumière. En tant que phares de la lumière de la Hiérarchie dans leurs régions respectives, ils doivent apprendre à être des travailleurs forts et indépendants, souvent sans rémunération monétaire.[32]

Contrecarrer les influences astrales

La contre-stratégie employée par les Forces des Ténèbres, destinée à bloquer l'éveil des porteurs de lumière, a été très dommageable pour la stratégie mise en place par la Hiérarchie Spirituelle. Les Forces des Ténèbres utilisent le plan astral pour créer des voix prétendant être celles de Maîtres (ou même celle de Dieu!) dans le but de tromper les porteurs de lumière. Plusieurs porteurs de lumière se sont éveillés seulement pour être incités à suivre des voix s'infiltrant dans leur conscience ou les voix d'autres individus, voix qui sont celles d'entités astrales inspirées par les Forces des Ténèbres plutôt que celle de leur âme. Ces voix astrales, à certains moments tellement subtiles qu'elles ressemblent à nos propres pensées, ont trompé plusieurs porteurs de lumière, les incitant à suivre des théories provocantes. Par exemple, elles peuvent faire

---

[32] Sur l'ordre du Maître Sanctus Germanus, le site web www.sanctusgermanus.net a été créé pour servir de point de ralliement aux porteurs de lumière du monde. Un des desseins du site est d'informer le porteur de lumière isolé géographiquement qu'il ou elle n'est pas seul(e) et qu'un vaste réseau de porteurs de lumière prend forme actuellement.

miroiter une ascension rapide et l'activation de l'ADN de manière à atteindre l'illumination, plutôt que d'inciter à suivre la route jonchée d'ornières et de pierres qui permet de comprendre notre mission au sein du Plan Divin. Certains des porteurs de lumière les plus avancés de la Hiérarchie sont devenus la proie de ces sombres influences, et une fois prisonniers du régime des Ténèbres, ils sont le plus souvent paralysés mentalement ou rendus inaptes à tout travail futur avec la vraie Hiérarchie Spirituelle.

Une multitude de Maîtres et de leurs initiés sur le plan spirituel travaillent sans répit pour maintenir le contact mental avec les porteurs de lumière afin de les guider et de leur rappeler ce qu'ils ont promis de faire. Plusieurs porteurs de lumière ignorent cependant ces injonctions, se convainquant que d'autres voix astrales, qui leur disent ce qu'ils veulent entendre et les rassurent, sont leurs guides légitimes.

Mais, malgré la situation critique, la Hiérarchie Spirituelle ne fera pas de compromis quant à la qualité de l'engagement des porteurs de lumière.

L'engagement requis

La Hiérarchie Spirituelle tient la chandelle de l'espoir, espoir que la plupart des porteurs de lumière accompliront la mission promise. Si certains ne le font pas, alors le fardeau retombera sur ceux qui se sont engagés.

Premièrement, et le plus important, le porteur de lumière doit acquérir une vision claire de son rôle, tel qu'il est inscrit dans son âme. Seule la méditation profonde peut faire parvenir ce rôle jusqu'à l'esprit conscient. Ceux qui attendent qu'on leur dise quoi faire attendront à jamais.

Deuxièmement, le simple instinct de survie en réaction aux changements terrestres ne suffit pas comme engagement. Un engagement prononcé à contrecœur, résultant de la peur, n'est pas suffisant pour la Hiérarchie Spirituelle.

Troisièmement, l'engagement n'est pas un emploi alternatif pour les porteurs de lumière ou leurs conjoints. Et, non, la Hiérarchie Spirituelle ne promet pas aux porteurs de lumière un salaire pour réaliser leur mission! L'engagement doit provenir du fond du coeur et être sans condition. La plupart trouveront que, une fois engagés, la rémunération suivra naturellement.

Quatrièmement, le service doit être désintéressé et doit bénéficier à ceux qui se trouvent en dehors de la famille immédiate du porteur de lumière.

Cinquièmement, comme l'énoncé ci-dessus l'implique, un engagement envers le service vient avec le processus de récupération. Nous soulignons que ce processus est déjà en marche: les Maîtres de Sagesse travaillent actuellement à temps plein avec les porteurs de lumière du monde — que ce soit à travers les principales religions, les déités régionales ou locales, les groupes non-affiliés de croissance personnelle ou de méditation ou d'autres groupes du même genre — afin d'inciter les porteurs de lumière à l'action.

Sixièmement, une fois engagés, les porteurs de lumière doivent travailler diligemment à élever les vibrations de leur corps physique afin qu'il soit en mesure de faire face aux défis du futur. La purification du véhicule est très importante.

Septièmement, les considérations ci-dessus guident le porteur de lumière vers la pratique de la Magie Blanche, définie comme étant la réalisation d'actions divines bénéficiant à l'humanité. Lorsque les porteurs de lumière recommencent à pratiquer la Magie Blanche, ils sont fermement établis sur le Sentier, en accord avec le Plan Divin.

Les conséquences de la crise envers l'engagement

Si les porteurs de lumière tardent à s'éveiller ou à s'engager envers leur mission, alors la souffrance associée avec les trois crises — la dépression économique, la guerre mondiale et les changements terrestres — ne connaîtra aucune limite. La période critique de 2006 à 2012 déterminera si l'humanité subira les vents de la souffrance, ou si elle mettra fin, aussi rapidement que possible, au régime des Forces des Ténèbres, qui a maintenu l'humanité dans sa poigne depuis des temps immémoriaux. Que l'Armée des Porteurs de Lumière s'éveille ou non, le démantèlement du système financier dominé par les Forces des Ténèbres se poursuivra, et la souffrance infligée à l'humanité continuera. Lorsque les Forces des Ténèbres se saisiront de cette souffrance et utiliseront les masses de chômeurs pour leurs desseins militaires barbares, davantage de souffrance humaine s'ensuivra.

Sans les efforts à plein temps des porteurs de lumière pour envoyer de la lumière sur cette misère, la souffrance du monde s'étirera. Les porteurs de lumière, adéquatement préparés comme Magiciens Blancs, peuvent mener des actions de compassion dans toutes les communautés pour soulager la souffrance humaine. Ils ne peuvent arrêter la marche du pralaya, mais peuvent amener chaque évènement à une conclusion rapide et raccourcir la durée de la souffrance humaine. Ceci est le grand cadeau que les porteurs de lumière peuvent donner à l'humanité au cours des années précédant 2012.

Qui plus est, leur plus importante contribution se situe après cette période d'agitation humaine, car c'est entre leurs mains que repose la formation d'une société de transition au cours de la période de reconstruction qui mettra en place la teneur du Nouvel Âge d'Or, dans plusieurs décennies.

La structure intérieure du leadership derrière les porteurs de lumière

Parce que les porteurs de lumière sont dispersés à travers le monde, leur groupe semble sans structure et désorganisé. Cependant, aucune organisation humaine n'a la capacité d'identifier et de joindre ensemble des milliers, peut-être des millions, de porteurs de lumière. Derrière cette vague structure terrestre se trouve une solide structure spirituelle, qui est partie intégrale de la Hiérarchie Spirituelle, laquelle incite chaque porteur de lumière à jouer son rôle dans le plan global. À la tête de cette structure se trouve le Maître Sanctus Germanus, mieux connu sous le nom de Saint Germain, le Hiérarque du Nouvel Âge d'Or. Des milliers de Maîtres, en majorité inconnus de l'humanité, travaillent à ce projet. Ces Maîtres se tiennent derrière tous les porteurs de lumière et, de leur point de vue, ils sont en mesure de jauger la vraie motivation et l'engagement de chacun.

Alors que les différentes crises entreront dans une phase critique au cours des années à venir et que les gouvernements, les institutions et les organisations humaines commenceront à s'affaisser, cette structure commencera à se manifester. Les Maîtres et leurs initiés attirent présentement leurs porteurs de lumière incarnés vers cette structure pour qu'existe, dans un proche avenir, une structure hiérarchique continue s'étendant du plan terrestre jusqu'aux dimensions spirituelles.

En bas comme en haut

Les porteurs de lumière sont ainsi un lien essentiel entre le monde de l'esprit et le monde physique. Lorsqu'ils parcourront à nouveau le Sentier, ils récupèreront éventuellement leur capacité de se déplacer aisément entre les dimensions et de maintenir des communications claires avec la Hiérarchie Spirituelle. Ce lien spirituel se produira dans tous les domaines de réalisations. Par exemple, avec l'aide de leurs contreparties du monde spirituel, un porteur de lumière - chimiste pourra mettre au point la formule d'une percée scientifique, un porteur de lumière - journaliste pourra obtenir de nouvelles intuitions lui permettant d'exposer le travail des

Forces des Ténèbres, et un porteur de lumière - banquier pourra arriver à voir les machinations financières au sein de son industrie et proposer des réformes.

Lorsque les porteurs de lumière se réunissent dans un service de groupe, une contrepartie de ce groupe se forme sur le plan de l'esprit pour aider à toute l'entreprise. On peut aussi dire que le groupe terrestre se réunit parce qu'il existe un groupe de contrepartie sur le plan spirituel. Le groupe de contrepartie est habituellement formé d'anciens collègues et d'experts dans un domaine donné. De cette manière, une structure forte mais invisible appuie les activités des porteurs de lumière, si et lorsqu'ils entreprennent la mission de service qu'ils ont promis de réaliser. Cet arrangement aide aussi à conserver l'activité en question sous la supervision du Plan Divin, car si le groupe humain s'écarte de sa mission, ses membres ressentiront une insatisfaction intérieure jusqu'à ce qu'ils fassent les efforts requis pour se réaligner.

Plusieurs porteurs de lumière seront incités à ouvrir la voie vers les Régions Spirituelles bien avant que les catastrophes fassent le plus de dégâts. Avec eux viendront des modèles de régie et des structures d'organisation sociale connues de leurs contreparties sur le plan éthérique. Ces contreparties éthériques travaillent avec les principes cosmiques les plus élevés sur lesquels construire une nouvelle société de transition; la combinaison des porteurs de lumière « sur la terre ferme » travaillant de concert avec leurs contreparties éthériques dans les Régions

Spirituelles offrira à l'humanité une seconde opportunité de corriger le cours de l'évolution humaine.

La formation d'un Conseil Mondial des Adeptes

La Hiérarchie Spirituelle envoie ses avatars et ses Maîtres sur le plan terrestre pour guider et conseiller l'humanité au cours des périodes d'agitation. La plus grande partie des Maîtres de Sagesse travaille télépathiquement, par l'entremise des porteurs de lumière incarnés sur le plan terrestre. Cependant, de temps en temps, ils prendront eux-même un corps astral ou éthérique pour faire une apparition visible sur la Terre. D'autres travaillent plus constamment et en secret sur le plan terrestre, sur tous les continents. Par exemple, il est connu que quelques Maîtres assistent à d'importants sommets politiques et économiques déguisés en participants. On sait qu'ils prennent contact « dans la chair » avec les porteurs de lumière découragés pour les encourager. On sait aussi qu'ils adombrent des porteurs de lumière et parlent à travers eux.

Dans les années qui viennent, un Conseil des Adeptes se formera silencieusement sur le plan terrestre. Ce conseil sera composé d'adeptes de la Hiérarchie Spirituelle qui occupent des positions-clé dans tous les domaines de réalisation. Il n'est pas clair actuellement si les Maîtres seront aussi membres de ce Conseil. Pour des raisons évidentes, ce Conseil demeurera derrière la scène et opèrera en secret jusqu'à ce que les conditions sur la Terre changent.

Lorsque ce Conseil se réunira, il constituera le phare qui guidera le monde des porteurs de lumière. Dans chaque région sûre, les membres du Conseil des Adeptes organiseront une structure basée sur les principes cosmiques, structure qui servira et organisera les porteurs de lumière qui arriveront. Leur première tâche majeure est de mettre sur pieds une organisation qui pourra recevoir les personnes déplacées qui se frayeront un chemin à partir des régions dévastées vers les Régions Spirituelles.

Le rôle de leader du porteur de lumière

Concentrons-nous maintenant sur les porteurs de lumière qui se seront engagés envers le travail de la Hiérarchie Spirituelle.

Le porteur de lumière vraiment engagé a entrepris de travailler dans un champ de mines. Au cours de la période précédant 2012, la tâche principale du porteur de lumière est de soulager la souffrance humaine causée par la dépression économique, la guerre et les changements terrestres initiaux. Travaillant contre vents et marées, le porteur de lumière doit récupérer ses capacités de Magicien Blanc afin de contrer les effets négatifs du départ des Forces des Ténèbres. Aujourd'hui, l'humanité se trouve à un point où seule la souffrance peut lui faire ouvrir les yeux, et le porteur de lumière doit se tenir prêt et disponible à aider, non comme une personne ordinaire mais comme un Magicien Blanc.

Le service au milieu de crises majeures mettra le porteur de lumière à l'épreuve et, sans la résolution appropriée, certains pourront décider d'abandonner leur mission. Ceux qui *choisissent* de poursuivre l'aventure de leur vie jusque dans le Nouvel Âge d'Or doivent commencer à faire les ajustements nécessaires dès maintenant. Nous soulignons que la survie à travers les bouleversements des prochaines décennies requiert la décision consciente de servir. Les porteurs de lumière qui sentent que les engagements de leur vie actuelle sont plus importants et décident de n'apporter aucun changement à leur vie, continueront de vivre autant que possible loin du danger sans remplir leur engagement. Seuls les Seigneurs du Karma peuvent décider comment cette inaction sera rééquilibrée. Il n'y a pas de bon ou de mauvais choix.

La Hiérarchie Spirituelle ne fait aucune concession quant à la qualité de l'engagement du porteur de lumière. N'est-ce pas le porteur de lumière lui-même qui s'est porté volontaire pour la tâche? N'est-ce pas le porteur de lumière qui a défini son rôle et sa contribution en accord avec le Plan Divin?

Ce que le futur nous réserve n'est pas pour le faible d'esprit et le timoré spirituel. Le porteur de lumière doit avoir à coeur un engagement complet envers la réalisation de sa propre mission, peu importe la difficulté ou la servilité qu'elle implique. La connaissance claire de la mission de notre âme, née de la méditation, nous procurera la force et l'endurance nécessaires pour poursuivre notre chemin jusqu'aux Régions Spirituelles, faire face aux immenses déplacements de populations et éventuellement participer à la reconstruction d'une société de transition qui servira de modèle pour le Nouvel Âge d'Or.

Les opportunités de co-opération entre porteurs de lumière

Nous avons discuté brièvement, dans le chapitre précédent, de la manière dont les Grandes Inondations submergeront les régions côtières et de faible élévation. Plusieurs villes principales du monde situées le long des côtes seront détruites, causant des pertes de vies humaines au-delà de tout ce que nous pouvons imaginer. En même temps, les centres urbains situés en terrain élevé et les régions autour de ces centres demeureront intactes.

Il existe une variété d'actions coopératives qui peuvent être entreprises, selon la séquence de trois crises que nous avons déjà citée: la dépression économique, la guerre et l'éventuelle évacuation de la population causée par les Grandes Inondations. Connaissant cette séquence, les porteurs de lumière peuvent élaborer des plans bien avant que chaque crise ne frappe.

La Magie Blanche: le principe de base de TOUTES les solutions33

En face de conditions insurmontables, que peuvent faire les porteurs de lumière? Le plus important et en premier lieu, chaque porteur de lumière doit regagner le contrôle complet de son mental, pour qu'il ou elle puisse contrôler ses pensées plutôt que de voir ses pensées contrôler son esprit. Vous trouverez nos suggestions au sujet de l'atteinte du contrôle du mental dans le chapitre 5.

Deuxièmement, contrairement aux organisations caritatives ou d'assistance offrant de l'aide, les porteurs de lumière peuvent offrir des solutions inspirées par la spiritualité, mais néanmoins pratiques, aux problèmes auxquels ils sont confrontés. Comme Magiciens Blancs, ils peuvent guérir la souffrance, un peu comme le fit le Maître Jésus. Les personnes dans le besoin rechercheront le porteur de lumière pour accomplir des activités de service telles que la guérison spirituelle télépathique[34], qui peut être appliquée à n'importe quelle situation inconfortable, que ce soit le besoin de nourriture ou la guérison des maladies. Une guérison télépathique avisée peut aider les individus aussi bien que les groupes dans le besoin.

---

[33] Le *Traité sur la Magie Blanche*, par Alice A. Bailey, est une lecture hautement recommandée.

[34] La Fondation Sanctus Germanus entraîne actuellement un noyau de guérisseurs télépathiques, qui l'enseigneront ensuite aux autres travailleurs de la lumière.

Au début, les porteurs de lumière oeuvrant comme Magiciens Blancs devront être très discrets en aidant les gens, car la plupart ne comprendront pas la Magie Blanche. Les guides spirituels et les Maîtres dirigeront les gens dans le besoin vers les porteurs de lumière, ou les porteurs de lumière seront placés dans des situations où la méditation silencieuse et l'invocation de la Magie Blanche pourront être la seule solution. Plusieurs « miracles » se produiront à partir des actions des porteurs de lumière. Par leurs œuvres, ils attireront autour d'eux, pour être consolées et réconfortées, d'autres personnes inclinées à la spiritualité. En d'autres termes, les crises offrent d'énormes opportunités de service et de compassion.

La coopération entre les hautes et les basses terres

Les porteurs de lumière situés dans les régions les plus susceptibles d'être inondées devraient suivre les indications de leurs guides spirituels pour informer leurs communautés et commencer à planifier le mouvement vers des endroits plus élevés. Ceux qui sont déjà situés dans des centres élevés y ont été placés pour préparer l'afflux des personnes déplacées des basses terres. Par conséquent, une coopération naturelle entre les porteurs de lumière des hautes et des basses terres existera pour faire face à cette crise éventuelle. Les porteurs de lumière dans les régions sûres et les régions en danger devraient commencer à travailler ensemble pour planifier comment ils se débrouilleront lors des futures crises.

La dépression économique: des opportunités pour les porteurs de lumière

Un rôle-clé pour le porteur de lumière au cours de cette période sera d'aider à soulager la souffrance causée par la dépression économique mondiale. Des millions de gens seront sans emploi, la monnaie de papier perdra sa valeur, des familles seront mises à la rue et beaucoup de gens ordinaires en seront réduits à quêter dans les rues. Marchant sur les routes et témoins d'une telle misère, on fera appel aux porteurs de lumière pour la guérison mentale et spirituelle non seulement de la situation générale mais aussi des individus.

Les signes d'un stress économique local

On anticipe que la dépression économique mondiale touchera le fond du baril à la fin de l'année 2007. À partir de ce moment, il n'y aura aucune reprise pour les années à venir, et le monde en général en sera réduit à une vie simplifiée. Au début, les signes ne seront pas tellement apparents, mais alors que les années passeront, le stress se manifestera davantage.

Les porteurs de lumière ne devraient pas se fier aux médias et aux gouvernements pour confirmer cette situation, car ils la nieront. Ils devraient plutôt être attentifs, dans leurs communautés respectives, aux signes suivants:

- Un chômage inhabituellement élevé

- Des affiches «À vendre» devant les maisons, lorsque la bulle immobilière mondiale éclatera
- La faillite de magasins et d'entreprises situées sur les artères commerciales principales. Des vitrines vides ou placardées.
- Les ruées vers les banques et la faillite de banques locales
- Un nombre croissant de familles ayant recours à des mesures d'assistance
- Davantage de gens ordinaires quêtant dans les rues
- Un nombre croissant de familles sans domicile entassées auprès des organisations caritatives
- De plus en plus de gens ayant recours à l'échange de services plutôt qu'au paiement comptant
- La résurrection des «soupes populaires» dans le style de la Dépression des années 1930
- L'augmentation de la criminalité
- Des tactiques policières locales plus dures
- La militarisation de la population: plus de gens en uniforme

Aux niveaux national et international, le dollar américain, la devise de réserve du monde, fera un plongeon et continuera de décroître jusqu'à ce que sa valeur soit presque nulle. L'euro semblera plus fort pendant une courte période, mais déclinera aussi alors que la confiance envers la monnaie fiduciaire de papier s'évanouira. Le prix mondial de l'or surpassera aisément 1 000 $US l'once et continuera d'augmenter sans retenue.

Tous ces signes annoncent une situation d'hyper-inflation qui videra tous les portefeuilles et les livrets de banque. Les gens seront forcés de payer pour les biens et les services avec de l'argent-métal ou de l'or, ou de transporter des brouettes remplies de billets de banque sans valeur pour payer leurs achats quotidiens. Cette situation s'est déjà produite dans plusieurs pays — l'Argentine, le Congo, la Guinée, le Vietnam, l'Albanie et la Russie sont des exemples récents qui montrent comment la pauvreté peut devenir une réalité du jour au lendemain.

La dépression économique amènera plusieurs opportunités de coopération entre les porteurs de lumière des hautes et des basses terres. Elle résultera en un déplacement initial de gens qui seront dépossédés de leurs biens et de leurs demeures et chercheront un emploi. De plus en plus de faillites personnelles forceront les gens à quitter les centres urbains pour la campagne. Ce « mouvement économique » des populations devrait préférablement se produire des basses terres vers les hautes terres.

Les porteurs de lumière devraient utiliser tous les moyens à leur disposition pour encourager les gens à se déplacer vers des endroits plus élevés. Parce qu'ils sont capables de voir dans le futur, ils devraient informer la population en général de ce qui aura probablement lieu. Ils peuvent parler aux agences d'assistance humanitaire et aux organisations caritatives de leur région pour qu'elles adoptent des politiques adéquates. L'information est puissante, mais c'est encore à l'individu qu'il revient de prendre à coeur cette information et d'agir en conséquence.

Les porteurs de lumière déjà situés dans des endroits élevés peuvent préparer les autorités locales à l'afflux des personnes déplacées. Le potentiel de conflit entre les populations arrivantes et les résidents des hautes terres est important, et les porteurs de lumière peuvent jouer un rôle en recevant leurs frères et leurs soeurs dans ces régions. Ceci pourrait être une situation délicate, nécessitant beaucoup de diplomatie, car la première réaction des communautés sera de bannir l'entrée d'arrivants. Plus les communautés seront préparées à cette éventualité, le mieux ce sera.

Les personnes déplacées auront besoin de nourriture, d'abris, de vêtements et d'eau fraîche. Plusieurs organisations d'assistance humanitaire existantes ont déjà adopté des plans d'action destinés à aider les résidents locaux à faire face aux désastres, mais ces organisations sont-elles préparées à des mouvements de population massifs et au chaos social qui suivra? Elles ne pourront se tourner vers les gouvernements nationaux, défaillants, pour recevoir de l'aide. Parce que l'ampleur des déplacements de population écrasera les autorités, les porteurs de lumière devront prendre une position de meneurs et organiser des groupes pour s'occuper de cette situation. Les plus avertis seront prêts à l'avance.

Les efforts de coopération entre les porteurs de lumière et les groupes déjà existants pourraient inclure ce qui suit:

- L'organisation de jardins sur les terres inoccupées afin de fournir de la nourriture
- L'utilisation de bâtiments abandonnés dans les régions élevées pour loger les personnes déplacées
- La localisation des sources d'eau fraîche
- La récupération de vêtements usagés pour un usage ultérieur
- Le repérage des arénas, salles communautaires, salles de récréation, gymnases scolaires, etc. pour abriter les sans-abri et les itinérants
- Le repérage des cafétérias dans toutes les installations qui peuvent être utilisées comme soupes communautaires, etc.
- Inciter les églises à héberger les sans-abri

Alors que le déplacement des populations motivé par l'état de l'économie continuera, les porteurs de lumière des basses terres devraient penser sérieusement à se déplacer vers des endroits plus élevés en préparation des inondations. Lorsque des inondations précoces se produisent là où se trouvent des porteurs de lumière, celles-ci devraient servir de signal concret à l'effet qu'un déménagement vers des endroits plus élevés est requis. Les porteurs de lumière devront prendre eux-mêmes cette décision et rassembler les ressources nécessaires au déménagement. Il n'y aura personne pour leur dire ce qu'ils doivent faire et, à l'arrivée dans les hautes terres, il n'y aura pas de comité de réception pour les accueillir. Ils devront prendre la décision difficile de se déraciner de leur milieu de vie et se déplacer de leur propre initiative, sur la base des conseils de leurs guides spirituels.

Ceci peut signifier l'abandon de leur maison et de toutes les possessions qui ne les aideront pas au cours de cette phase de leur mission. Un saut quantique de la foi et la prescience est nécessaire.

Tous les porteurs de lumière auront besoin d'un plan ferme et défini, de savoir où aller avant que le désastre frappe. Ils devraient étudier les destinations possibles près des Régions Spirituelles. Comme plusieurs autres qui sont déjà en place dans ces régions, les porteurs de lumière devraient déménager ou clairement planifier leur déménagement — le plus tôt sera le mieux.

Les efforts de coopération au cours de la guerre: c'est le temps de déménager

Lorsque la guerre mondiale éclatera et que la conscription sera rétablie aux États-Unis et dans d'autres pays, il sera temps pour les porteurs de lumière de déménager vers les Régions Spirituelles qu'ils et elles auront choisi. À ce moment, il ne devrait y avoir aucun doute que la séquence des prophéties esquissées par la Hiérarchie Spirituelle dans le Tome 1 des *Prophéties de Sanctus Germanus* se réalise. Toutes les graines auront été semées pour la Troisième Guerre Mondiale.

Le Conseil des Adeptes commencera à émerger et à guider les porteurs de lumière dans les Régions Spirituelles naissantes. Planifiant à l'avance, ils organiseront la réception des déplacés. La marche des évènements ne fera pas de pause pour le porteur de lumière récalcitrant. Ceux qui savent travailleront infatigablement et par conséquent recevront le support le plus important de la part de la Hiérarchie Spirituelle. Ils soulageront la souffrance humaine au meilleur de leurs capacités et, de cette manière, davantage de survivants se joindront à leurs rangs pendant que les évènements se dérouleront.

D'ici à 2010, leurs guides spirituels indiqueront à plusieurs porteurs de lumière qu'ils doivent déménager vers l'une des Régions Spirituelles. Les porteurs de lumière se transporteront dans ces régions de leur propre gré, et se regrouperont tant dans les villes que les régions rurales. Lorsque les nouvelles seront dominées par plus de changements terrestres, ils seront rassurés d'avoir effectué la bonne action.

Le plus tôt (i.e. à partir de 2007) cette migration aura lieu, le mieux ce sera. Dans plusieurs parties du monde, e.g. l'Amérique du Nord et du Sud, l'Asie, l'Europe et le sous-continent indien, le mouvement des porteurs de lumière est déjà commencé. De petites communautés se sont installées dans les régions montagneuses de l'Amérique du Nord et du Sud. Sur les contreforts des Himalayas, une infrastructure bouddhiste substantielle est en place et certains lamas sont très avertis au sujet des changements terrestres à venir. Leur système d'entraide mutuelle est bien connu.

Le travail des porteurs de lumière pendant la guerre

La guerre braque l'humanité contre elle-même. Toute guerre est une guerre civile, frères et soeurs contre frères et soeurs. Les racines de la guerre se trouvent dans l'avidité et l'égoïsme, et non dans l'idéologie ou la religion. Il n'y a pas de bon ou de mauvais côté. Les deux côtés, braqués l'un contre l'autre, sont les outils des Forces des Ténèbres pour leur permettre de satisfaire leur avidité pour l'argent. Ainsi, toute bataille est essentiellement un combat de la Lumière contre les Ténèbres.

La guerre est la plus grande manifestation de la bataille qui fait rage au sein de chacun d'entre nous sur le plan astral. Les Forces des Ténèbres peuvent manipuler ces milliards de conflits intérieurs et leur faire prendre la forme de nations en guerre. Ceci est aisément réalisé à travers la propagande diffusée au moyen des médias, martelant un point de vue dans l'esprit des gens et agitant leurs émotions.

Une société mondiale souffrant des effets d'une dépression économique constitue un excellent pâturage pour les bellicistes. La Seconde Guerre Mondiale est née des cendres de la Dépression des années 1930. Les gouvernements se montreront incapables de calmer le chaos social résultant de la dépression et les militaires, sous le contrôle direct des Forces des Ténèbres, prendront le contrôle pour maintenir la loi et l'ordre. Ce sera là l'institutionnalisation de la répression, et la militarisation de la population civile sera présentée comme la seule solution au chaos économique; nous pouvons voir ceci se produire maintenant. Des millions d'hommes et de femmes seront mobilisés dans l'appareil militaire pour faire la guerre.

Les forces des Ténèbres sont pleinement conscientes que ceci est la dernière bataille avec les Forces de la Lumière. Sachant la défaite inévitable, les Forces des Ténèbres auront recours aux mesures les plus drastiques et spectaculaires pour semer la terreur et terrifier l'humanité. Ceci inclut l'utilisation d'armes nucléaires. Il n'y aura aucune retenue cette fois, et pour cette raison, plusieurs âmes choisiront de quitter volontairement la Terre plutôt que de vivre sous les retombées nucléaires, la répression militaire et la guerre. La mémoire de la répression militaire, comme elle a été vue dans l'ère stalinienne postérieure à la Seconde Guerre Mondiale, demeure toujours fraîche. Cette fois, cela pourrait être pire.

Les porteurs de lumière ne peuvent prévenir cette guerre, car la mobilisation en vue de celle-ci a débuté il y a au moins une décennie et se poursuit. Néanmoins, la lumière qu'ils projettent sur la guerre pourrait en amener la fin plus rapidement. L'humanité doit subir ce rééquilibrage de son karma, car n'est-elle pas responsable d'avoir permis l'ascension et la prise du pouvoir par les Forces des Ténèbres? Ne céda-t-elle pas devant la tentation d'une vie matérialiste et ne se permit-elle pas d'être leurrée dans la stupeur? Le rééquilibrage karmique vis à vis des Forces des Ténèbres est un processus auquel l'humanité ne peut pas échapper. La guerre fait ressortir le pire de l'humanité. Les porteurs de lumière peuvent faire ressortir le meilleur. Ironiquement, les horreurs de la guerre ramènent l'humanité vers son essence, son âme, qui demeure au-dessus de l'arène, toujours dans un état de pureté. Aucun être pensant ne peut résister à l'appel de l'âme à se tourner vers l'intérieur lorsqu'il fait face au carnage de la guerre. Même l'individu le plus dur tombera à genoux lorsqu'il fera face ou sera menacé par de telles atrocités.

La guerre mondiale qui se profile représente une opportunité en or pour le porteur de lumière, une opportunité de prendre l'avant-plan et de démontrer le contraire de la guerre. La Hiérarchie Spirituelle travaille sur le plan terrestre par ses Forces de Lumière, et lorsque les porteurs de lumière joignent leurs mains pour faire pleuvoir la Vérité et la Lumière sur la *maya* de la guerre, ils peuvent raccourcir la durée de la souffrance humaine et faire échouer les efforts des Forces des Ténèbres.

Les porteurs de lumière peuvent utiliser tous les moyens à leur disposition pour éduquer le public au sujet de la guerre — quelles sont réellement les parties en guerre et quelle est la cause principale de la guerre: l'avidité. Ils peuvent choisir de résister activement à leur participation à la guerre. Plusieurs porteurs de lumière âgés de 18 à 42 ans pourraient être inscrits parmi les militaires contre leur volonté. Ils peuvent utiliser les méthodes légales, comme l'objection de conscience, pour réaliser des tâches alternatives ou se mettre à l'abri de la conscription. Rien ne peut justifier cette guerre, car elle est la pure invention des Forces des Ténèbres. Ne soyez pas leurrés par les slogans nationalistes ou patriotiques, qui sont utilisés pour tromper les gens et les inciter à l'agression.

Ces actions créent l'invocation adéquate pour l'extériorisation de la hiérarchie. Les porteurs de lumière qui auront répondu à l'appel de leur âme et seront passés à l'action travailleront avec la Hiérarchie Spirituelle pour contrer les effets de la guerre. Ceux qui ne veulent pas être impliqués dans la guerre peuvent demander à la Hiérarchie Spirituelle de leur fournir une porte de sortie.

Afin de contrecarrer les effets du retard de l'effort terrestre, davantage de forces inter-dimensionnelles ont été appelées, rendant la signification de l'extériorisation de la Hiérarchie plus pertinente que jamais. Lorsque les canaux nécessaires sont ouverts à la puissance et à la lumière de la Hiérarchie, la lumière peut se déverser sur toute bataille et rendre nul et non avenu le règne de terreur des Forces des Ténèbres. La Loi Cosmique dicte que la Magie Blanche gagne toujours sur la magie noire, et plus les forces de la Magie Blanche se rassemblent dans toutes les dimensions, plus grande est la force du bien et plus court sera le règne des Forces des Ténèbres.

Les signaux précurseurs des changements terrestres à venir

Alors que la dépression économique et la guerre mondiale enserreront le monde, les signaux des changements terrestres seront abondants. Le réchauffement planétaire causera l'élévation des mers et des autres plans d'eau pendant que les assauts des tempêtes périodiques, des crues-éclair, des pluies abondantes et prolongées, des ouragans et des tempêtes monstrueuses s'augmenteront dans toutes les régions. Les gouvernements diffuseront des informations contradictoires au sujet du climat pour convaincre les victimes des inondations que les fluctuations d'un cyclique météorologique mineur, anormal, sont à blâmer. Les porteurs de lumière devraient interpréter ces signes comme une raison irrésistible de déménager vers et près des Régions Spirituelles avant le déplacement des masses. Plusieurs seront forcés de déménager, mais la stupidité de plusieurs les fera retourner dans les régions inondées pour reconstruire.

La population générale des basses terres se rebutera devant la nécessité de se déplacer et attendra jusqu'à ce qu'il soit trop tard. Tout ce que les porteurs de lumière peuvent faire est informer. Comme c'est habituellement le cas, la majorité attendra jusqu'à la toute dernière minute et une ruée massive et sans coordination vers les régions élevées s'ensuivra.

151

La conclusion

L'heure avance, et alors que chaque année passera les changements terrestres augmenteront en fréquence et en intensité. Partie prenante de la stratégie de la Hiérarchie Spirituelle, les porteurs de lumière devront jouer le même rôle que celui joué par Noé et son arche au cours du déluge précédent, même si ce n'est pas d'une manière aussi folklorique. Ils sont les dépositaires de la connaissance et de la civilisation humaine, qu'ils transporteront jusque dans la société de transition qui modèlera l'Âge d'Or postérieur au déluge. Il existe encore un espoir que les Forces de la Lumière s'éveilleront à leur mission et passeront à l'action en nombre prévu par le Plan Divin.

CHAPITRE 5

Dominer les évènements

"Sage est celui qui saisit le bâton et parcourt le Sentier lui-même, les yeux ouverts, le coeur sensible à la voix de l'Esprit et, se tenant sur ses gardes, ne s'attarde pas dans le faux sentiment de sécurité que procurent les accomplissements d'un autre mais, comme un camarade-voyageur, le bénit plutôt, et fait que le fruit de ses expériences dépend de ses efforts... car celui-ci atteindra la victoire."[35] El Morya

Dans son message au début du livre, le Maître Sanctus Germanus indique clairement que demeurer sur Terre au cours du pralaya actuel est une question de choix. Si vous ne faites pas face à cette situation ici, sur la Terre, vous y ferez éventuellement face ailleurs. Du point de vue de l'éternité, il n'y a en réalité aucune urgence. Si vous souhaitez en apprendre davantage sur ce qu'entraîne l'engagement, poursuivez s'il vous plaît votre lecture. Sinon, vous pouvez passer

---

[35] Traduction du texte original : Printz, Thomas, *The First Ray*, Bridge to Freedom, Mt. Shasta: Ascended Master Teaching Foundation, 1953, p. 51.

outre ce chapitre et poursuivre votre lecture avec le suivant.

Lorsque la Hiérarchie Spirituelle élabora des plans pour cette période, vous étiez parmi les âmes les plus enthousiastes choisies par le Conseil du Karma parmi les milliers, peut-être même les millions, qui se portèrent volontaires. Cependant, une fois dans la *maya* dense du plan terrestre, votre enthousiasme s'est refroidi, et les buts de votre incarnation se sont obscurcis.

Pour certains porteurs de lumière, les bénéfices matériels de la civilisation actuelle n'ont pas été au rendez-vous, les forçant à se battre pour satisfaire aux nécessités de la vie quotidienne, et les amenant hors de leur trajectoire. Plusieurs nourrissent une culpabilité et un dédain subconscient envers l'argent, dédain que les Forces des Ténèbres ont nourri à travers les religions traditionnelles et le mouvement Nouvel Âge. Par conséquent, l'énergie de l'argent les a outrepassés, perpétuant un état de privation et une amertume tenace envers la société ou Dieu d'avoir fait la vie si difficile. Dans d'autres cas, la position sociale et l'argent ont mené le porteur de lumière à une vie confortable et « réussie », l'emportant sur n'importe quel engagement profond envers la quête spirituelle. Ces dilettantes spirituels se rassemblent sur des navires de croisière, dans des spas et des lieux de retraite tropicaux, suivent leurs gourous de lieu en lieu ou se retirent dans des retraites de montagne pour participer à des programmes « je me sens bien » créés par le mouvement pseudo-spirituel.

Ces deux situations extrêmes ont créé différents types de fixation sur soi qui font obstacle à la réalisation du Plan Divin.

Qui plus est, les Forces des Ténèbres ont ciblé les porteurs de lumière et ont attiré plusieurs d'entre eux dans un genre de pseudo-spiritualité qui ne servira l'action de groupe que du bout des lèvres tout en favorisant l'éclosion des traits de la personnalité qui engendrent l'éclatement des efforts du groupe. Tous les groupes spirituels sont ciblés dans le but de les empêcher de se réunir.

Aujourd'hui, plusieurs porteurs de lumière comme vous « sentent » que quelque chose va de travers, mais la plupart préféreront écarter les signaux d'alarme que sont les tempêtes et les guerres, choisissant de les considérer comme un autre cycle mineur. Plutôt que de risquer trop de dérangements dans leurs vies, la plupart préféreront demeurer ignorants ou refuseront de reconnaître que des changements majeurs sont sur le point de se produire. Ainsi, la formation des « troupes » pour cette bataille finale a été moins que satisfaisante alors que faillit l'engagement des porteurs de lumière à résister ou à combattre l'offensive des Forces des Ténèbres. Le nombre d'engagés que la Hiérarchie Spirituelle espérait dans les Forces de la Lumière ne s'est pas matérialisé et, si cette situation persiste, la souffrance que l'humanité devra supporter sera prolongée.

La Hiérarchie Spirituelle a récemment concédé que sa stratégie pour construire une Armée de Porteurs de Lumière sur Terre est peut-être en péril. Mais l'espoir est éternel. Parmi tous les volontaires qui se sont incarnés, la Hiérarchie Spirituelle a estimé avec réalisme qu'un sur dix (1:10) remplirait sa mission. Cependant, que la proportion de porteurs de lumière engagés soit, ou non, inférieure à un dixième, le travail et la préparation continueront. Les changements économiques, financiers et géologiques, eux, suivent le calendrier et n'attendront pas que les gens se fassent une idée.

Malgré cette situation fâcheuse en apparence, un noyau de hardis porteurs de lumière a émergé de la *maya* et, munis de corps astral et mental équilibrés, a rejeté du revers de la main la quête du « je me sens bien » pour s'engager sérieusement envers le Plan Divin. Ils savent que les éphémères moments de « je me sens bien » surviennent seulement lorsqu'ils parviennent à se séparer d'une entrave émotionnelle ou physique, ce qui leur permet de progresser plus avant sur l'épineux Sentier de l'Initiation et vers l'accomplissement de leur mission. Chaque moment de « je me sens bien » est précédé de longues périodes de lutte, tant physique qu'émotionnelle.

Ces porteurs de lumière peu nombreux mais hardis porteront le fardeau lorsque les évènements se dérouleront, et recevront le plein appui de la Hiérarchie Spirituelle et du Maître Sanctus Germanus. Ainsi, alors que l'agitation du plan astral s'accroît et que les Forces des Ténèbres ciblent ce « un dixième », ils y trouveront des troupes endurcies par la bataille, couvertes par l'armure mystique.

Le grand espoir demeure que les catastrophes éveilleront les porteurs de lumière récalcitrants et hésitants à leur vrai dessein. La porte demeure toujours ouverte. Et si vous êtes dans ce « un dixième » en incarnation, beaucoup de travail préparatoire vous attend au cours de la période relativement courte qui précèdent les catastrophes qui se dessinent à l'horizon.

La récupération de votre niveau spirituel antérieur

Nous avons mentionné plus haut que vous vous êtes portés volontaires pour l'incarnation même si la plupart d'entre vous avez atteint le niveau de développement spirituel qui vous soustrayait à la roue de la réincarnation. Vous avez par conséquent compris et accepté le fait qu'en revenant, vous créeriez davantage de bon et de mauvais karma. La plupart d'entre vous avez choisi de vous libérer de ce karma résiduel tôt au cours de cette vie, dans le but que la seconde moitié de celle-ci puisse être consacrée à réaliser les bonnes oeuvres associées à votre éveil.

L'acquisition de la confiance spirituelle

Lorsque vous entreprendrez l'aventure de la récupération, le Sentier ne sera pas aussi clair et direct que vous l'espérez. Quelquefois, vous expérimenterez le ravissement lors de la découverte d'une vérité spirituelle, mais il y aura des moments où vous sentirez que vous butez contre un mur de pierre, ne faisant aucun progrès. Vous pourrez aussi rencontrer de faux prophètes ou des médiums et des psychiques incompétents qui vous guideront mal. Vous pourrez joindre des groupes spirituels qui pourront être tellement fertiles en conflits et en désaccords que vous vous demanderez si l'esprit est bien amour.

Le langage cryptique d'une partie de la littérature occulte pourra vous intimider ou vous décourager complètement lorsque vous lirez page après page avant de saisir une seule idée. Ou vous pourrez découvrir que la nourriture spirituelle plus facile à digérer qui est préparée par tellement d'enseignants spirituels vous fait plaisir sur le moment, mais ne vous aide pas à long terme. En désespoir de cause, vous pourrez vous jeter aux pieds d'un gourou ou d'un mentor seulement pour découvrir qu'il ou elle ne mérite pas votre attention.

Entreprendre une « carrière » spirituelle changera sans aucun doute votre vie radicalement. Vos amis de longue date et votre famille pourront s'éloigner de vous, et vous pourrez vous retrouver entourés d'un cercle entièrement nouveau d'amis, quelques-uns confus et dans les nuages, d'autres compréhensifs et sympathiques. Vous pourrez même voyager sur de grandes distances à la recherche de la vérité, seulement pour revenir les mains vides.

Tous ces hauts et ces bas pourraient vous faire perdre confiance en votre capacité de saisir le côté spirituel de la vie. Ceci est parfaitement normal. Néanmoins, nous vous conseillons de persister, car vous passerez par de nombreux tests — le parcours à obstacles initial — qui contribueront à vous transformer en un porteur de lumière fiable et éprouvé. Certains ne retrouveront jamais leur confiance et abandonneront. Ceux qui persévèreront et persisteront dans leur quête trouveront éventuellement les réponses, et cela est la **PROMESSE** de tout ce processus. Il y a bel et bien un trésor à la fin de l'arc-en-ciel. La clé de l'aventure est donc la *persévérance*.

La quête des réponses vers l'intérieur

Même si les Maîtres de la Hiérarchie Spirituelle se tiennent prêts à déverser leur aide et leurs conseils sur les porteurs de lumière engagés, ils exigent que ceux-ci cherchent tout d'abord en eux pour trouver les réponses à leurs questions. Votre Soi Supérieur, corps causal ou Présence « *I AM* » (JE SUIS) connaît votre plan et communique librement avec les Maîtres sans les interférences trompeuses dues aux entités astrales. Par conséquent, la reconnection avec votre prélat intérieur, votre Soi Supérieur, est essentielle pour joindre l'Armée de la Lumière.

Aujourd'hui, nous sommes bombardés avec de fausses informations provenant des médias aussi bien que du plan astral, ces dernières prétendant même quelquefois être nos propres pensées. Vous ne pourrez pas compter sur votre gouvernement ou toute autre organisation extérieure pour vous guider ou vous aider lorsque les désastres frapperont. Le fait que les gouvernements nationaux, les organisations caritatives et même les agences d'assistance humanitaire soient inconscients, ou minimisent, les changements à venir devrait vous indiquer que tous ne sont lamentablement pas préparés, malgré la multitude d'avertissements que les Maîtres de la Hiérarchie Spirituelle ont communiqués à l'humanité. En plus de cette absence générale de préparation, un flot constant d'informations contradictoires provenant d'entités astrales se déverse dans notre processus de pensée.

Néanmoins, profondément au sein de chacun de nous, dans notre être intérieur, le *I AM*, nous pouvons accéder à toute la véritable information au sujet de ce qui est à venir, et aussi être participants dans une vaste structure organisationnelle spirituelle qui EST préparée à nous guider vers la sécurité pour que nous puissions poursuivre notre mission au cours de cette période critique. Vous, seul(e), ne devez compter que sur vous-même, parce que l'accès à cette structure spirituelle se fait par votre monde intérieur.

1. Maîtrisez la méthode de méditation par l'inspiration

La Hiérarchie Spirituelle recommande fortement que les porteurs de lumière adoptent la méthode de la méditation par l'inspiration pour se relier à leur Soi Supérieur. Cette méthode est basée sur les préceptes originaux du Raja Yoga et utilise le contrôle de et la concentration sur la respiration pour conduire votre soi conscient jusque dans votre monde intérieur et ensuite entrer en contact avec votre Soi Supérieur.

Il y a plusieurs façons de méditer. Certaines sont valides alors que d'autres ne le sont pas. Du point de vue de la responsabilité individuelle, les méditations guidées sont limitées dans ce qu'elles peuvent accomplir, même si leur intention est bonne. Méditer est avant tout **votre** responsabilité, et lorsque cette responsabilité est saisie et maîtrisée, l'étape suivante est la méditation de groupe, et non l'inverse. Un groupe de personnes où chacun a maîtrisé la capacité de méditer peut devenir une puissante force de lumière. Cependant, un groupe où vous devez suivre un meneur pourrait éventuellement vous amener vers la manipulation mentale.

La méthode de méditation par l'inspiration suggérée plus bas place l'entière responsabilité de la méditation entre vos mains, comme cela devrait être. Elle repose sur le contrôle de votre respiration et votre capacité de concentrer et de diriger votre pensée. Ultimement, c'est vous qui devenez responsable de votre méditation et de son résultat. Mais la plus grande récompense provenant de la méditation est le pèlerinage que vous pourrez faire jusqu'à votre Soi Supérieur, le prélat qui réside en vous. Et plus vous pratiquerez cette méthode, plus vous vous alignerez sur votre Soi Supérieur et sur l'information qu'il cherche à vous transmettre.

Cette méthode est tellement simple qu'elle en est difficile. À certains moments vous sentirez que vous n'arrivez à rien, mais n'abandonnez pas.

Reprenez le contrôle de vos pensées, concentrez-vous et persévérez.

Méthode de méditation par l'inspiration pour une croissance spirituelle profonde

La méditation, lorsqu'elle est correctement comprise, est l'immobilisation du corps physique, généralement dans une position où la colonne vertébrale est droite et redressée, en position assise et non couchée.

L'endroit de votre méditation devrait être assez confortable en termes de température, et situé dans un endroit où vous êtes peu susceptibles d'être dérangés. Si c'est possible, une ambiance ou une atmosphère spirituelle devrait être cultivée autour de cet endroit.

Lorsque vous vous asseyez pour méditer, vous devez en venir à ressentir que vous êtes sur le point d'avoir une conversation avec votre Dieu, votre Soi Supérieur, et rien de moins. Vous devriez approcher la méditation comme vous approchez l'autel de l'invocation – avec humilité, révérence, respect, un grand amour et de la gratitude.

Avec l'attitude, l'approche et l'endroit appropriés, nous suggérons le processus de méditation suivant:

1. Asseyez-vous dans une posture confortable avec votre colonne vertébrale droite et redressée. Vous pouvez prendre la posture de méditation

traditionnelle des yogis, ou vous asseoir tout droit dans une chaise confortable.

2. Invoquez la Flamme Violette de Protection.

3. Commencez à respirer profondément et honorez le souffle qu'il vous appartient d'inspirer et d'expirer. Avec chaque respiration, prenez conscience que vous attirez en vous une vie et une lumière pures.

4. Alors que vous respirez profondément, concentrez tout d'abord votre attention dans la région de la tête, et particulièrement dans le haut de la tête. Devenez conscients de votre propre aura.

5. Ensuite, devenez conscients de et concentrez votre attention sur toute la longueur de votre colonne vertébrale pendant que vous demeurez conscients du rythme de votre respiration. Inspirez, expirez.

6. Maintenant, relâchez votre attention de la respiration et laissez celle-ci continuer d'elle-même au rythme approprié.

7. Concentrez puis conservez toute votre attention sur toute la longueur de la colonne vertébrale. Visualisez-la comme un tube de pure lumière blanche.

8. Voyez ce tube de lumière comme un portail légèrement entrebâillé. Il y a beaucoup de lumière de l'autre côté du portail. Le portail, la colonne vertébrale illuminée, est maintenant un adorable portail dimensionnel vers votre espace intérieur.

9. Vous commencez à avoir le désir d'y entrer, car il s'agit bien d'une porte. C'est une ouverture dimensionnelle dans le corps physique. Vous cherchez à y entrer. Vous avez la volonté d'entrer, d'entrer, d'entrer. Vous devez vous forcer à y entrer, un peu comme quelqu'un qui pagaie dans un canot à contre-courant, et un peu comme des saumons qui continuent obstinément de remonter le courant d'une rivière qui, elle, continue de les repousser. Mais ils n'arrêtent pas. Utilisez votre volonté pour entrer, entrer, entrer à l'intérieur.

10. Alors que vous méditez de cette manière, à un certain point vous rencontrerez un moment décisif, pour ainsi dire. Vous saurez ce dont il s'agit par la pure et simple expérience. Si vous pensez que vous ne pouvez aller plus profondément, vous devriez continuer d'essayer jusqu'à ce que vous ne puissiez y arriver davantage. À ce point, arrêtez et tirez simplement plaisir de l'environnement intérieur.

11. Cherchez à devenir conscients de l'atmosphère intérieure alors que vous continuez d'inspirer et d'expirer à un rythme régulier.

12. Cherchez à vous connaître tel que vous êtes, au-delà des pensées, des sentiments, des sensations et certainement du corps physique. Chaque session sera une nouvelle aventure.

13. *Cherchez à connaître la part de vous qui n'a jamais changé et ne changera jamais, la part de vous qui est éternelle. Cherchez à ressentir votre propre infinité.*

Cette méthode peut ressembler à une approche très superficielle et élémentaire de la méditation, mais nous vous assurons que, si elle est suivie correctement, elle vous mènera à des percées intérieures comme celles que la plupart des gens veulent tant expérimenter mais ignorent comment y parvenir.

2. Rétablissez le contact avec votre Maître

Si vous ne connaissez pas encore le Maître avec lequel vous travaillez, vous pouvez utiliser la méthode de méditation par l'inspiration pour obtenir cette information. La méditation vous mettra en contact avec votre Soi Supérieur, auquel vous pourrez demander de vous guider vers le Maître qui est chargé de votre éveil. Soyez néanmoins assurés que, une fois que vous êtes prêt(e) à rétablir le contact, votre Maître rendra ce contact clair pour vous, d'une manière ou d'une autre.

Au début, les réponses parviendront à l'esprit conscient sous la forme de fortes intuitions, non de mots. Si vous entendez des voix, vous pourriez entendre des entités astrales non fiables qui tentent se frayer leur chemin jusque dans votre communication. Dans ce cas, plongez-vous plus profondément dans votre méditation. C'est la manière la plus sécuritaire d'obtenir l'information exacte, car durant cette période où l'excitation du plan astral est extrême, des hordes d'entités astrales aimeraient devenir votre « maître » et vous écarter de votre chemin. Plusieurs voix prétendant être des Maîtres interviendront. Elles parleront le langage de la spiritualité et vous détourneront subtilement.

Étudiez la Sagesse Immémoriale telle qu'elle a été présentée au cours des 150 dernières années. La richesse des écrits de la Société Théosophique, les Discours *I AM* par Sanctus Germanus, les enseignements prolifiques du Maître Djwal Khul par son amanuensis Alice A. Bailey, les discours de la Fraternité à travers « Bridge to Freedom » et Geraldine Innocenti, les premières oeuvres du mouvement « Summit Lighthouse » et finalement le site web de la Fondation Sanctus Germanus (www.sanctusgermanus.net) forment une piste d'informations au sujet de la Sagesse Immémoriale méticuleusement mise en place par la Hiérarchie Spirituelle pour votre étude.

Cet ensemble d'oeuvres représente une énorme source d'information spirituelle que la Hiérarchie Spirituelle a mise de l'avant pour les porteurs de lumière dans le but qu'ils récupèrent leur capacité de faire la différence entre le réel et l'irréel. Le langage et la profondeur de ce corpus de connaissances vous aideront à distinguer entre les fausses voix du plan astral et les formes-pensées que vos Maîtres vous transmettent.

Même si vous ne vous remémorez qu'une fraction de la Sagesse Immémoriale révélée, vous en connaîtrez assez pour repousser les influences astrales et faire la différence entre vos vraies intuitions et des babillages offrant des avis en tous genres[36]. Les entités qui émettent ces derniers sont pour la plupart des coquilles astrales sans aucune intelligence inhérente et parlent comme des marionnettes. Vous pourrez donc obtenir très rapidement plus de connaissances qu'elles et devenir capables de distinguer le vrai du faux.

En réalité, être en mesure de discriminer entre différentes voix n'est pas différent de l'interaction normale entre les humains sur la Terre. Exercez la même discrimination que lorsque vous vous promenez dans un marché bondé de vendeurs agressifs vantant leur marchandise. Vous saurez faire la différence entre une présentation de vente au débit rapide et un exposé de la vérité, alors que d'autres tomberont dans le panneau. Ultimement, vous devrez décider qui écouter, et si la cacophonie des voix astrales vous rend confus, cherchez refuge dans la méditation par l'inspiration et plongez-vous plus profondément dans votre monde intérieur. Là, votre Soi Supérieur vous dira toujours la vérité.

3. La période de probation: Suivez les conseils de votre Maître

Une fois reconnecté à votre Maître, vous entreprendrez encore une autre période de

---

[36] Au commencement, une partie de leurs conseils est utile, afin qu'ils puissant gagner votre confiance, mais ils vous mèneront inévitablement hors de votre chemin et vers leur propre agenda, qui peut être très sombre.

probation, parce que la Hiérarchie Spirituelle ne sait que trop bien qu'il existe des pièges sur toute la longueur du Sentier, pièges dans lesquels même l'initié le plus avancé peut tomber.

Lorsque vous avez foulé le Sentier de Probation pour la première fois, il est possible que plusieurs incarnations aient été nécessaires à votre âme pour obtenir son diplôme. Cette fois, cependant, vous refoulerez inconsciemment le sentier de probation, mais très rapidement, peut-être en quelques mois ou une ou deux années. C'est pourquoi nous nommons ce processus une récupération. On vous *rappellera* au lieu de vous enseigner quelque chose de nouveau.

Au cours de la période de probation, le Maître veut voir si le désir de servir est le résultat d'une crise momentanée de la vie ou s'il est motivé par un désir authentique de servir provenant de l'âme. Si vous abandonnez au cours de cette période, vous serez ensuite confiés aux soins de vos guides spirituels, qui travailleront avec vous à récupérer la motivation de votre âme envers le service, si vous désirez qu'il en soit ainsi.

Si vous persévérez, vous serez placés sous le regard attentif et l'attention spéciale de votre Maître. Vous avez demandé de l'assistance et devrez par conséquent être soumis à une discipline plus astreignante. Vous apprendrez à maîtriser le pouvoir sur toute substance, toute vibration et toute forme. Vous accepterez de nettoyer tout vice latent et de renforcer toute vertu latente. À partir de ce moment, toutes vos activités se reflètent sur le Maître, et les désirs du Maître deviennent « les désirs de votre cœur ». Vous devrez employer vos talents et vos habiletés à ce service.

Le Maître vous testera constamment en vous faisant vivre des expériences qui développeront et amèneront à maturité votre véhicule corporel jusqu'à ce qu'il maîtrise un degré supérieur de contrôle de l'énergie, aussi bien sur le plan terrestre que sur les plans intérieurs.

Le Maître peut accéder à vos corps intérieurs pour renforcer ses points faibles pour plus de protection, ou renforcer la partie du véhicule de sept corps qui est destinée à subir les coups les plus durs. Le Maître se concentrera sur le corps intérieur que vous utiliserez le plus pour réaliser votre mission. L'objectif est de développer et d'amener à maturité le véhicule corporel pour la mission à entreprendre, même si cela peut vous sembler douloureux ou éprouvant de temps à autre. Il est préférable que le Maître tisse l'armure mystique au-dessus de votre talon d'Achille plutôt que de le laisser vulnérable aux assauts des malfaisants!

La période de probation peut durer des mois ou des années. Elle dépend de la quantité de karma que vous avez accumulé ou repayé pendant cette vie et de la discipline que vous êtes prêt à accepter. Quelques-uns tombent sous la pression de ces tests constants, alors que d'autres persisteront et poursuivront jusqu'à la fin.

Le Maître commencera alors à vous confier de l'information spirituelle. La manière dont vous choisirez d'utiliser cette information demande du discernement spirituel et de la discrétion pour savoir quand parler et quoi garder à l'abri du « regard profane ». Ceci est la discipline que vous devez développer. Il y a des expériences qui peuvent être lentement partagées seulement avec quelques-uns, et il y a beaucoup de belles et délicieuses expériences qui peuvent être racontées pour inspirer autrui. Cependant, vous devrez constamment vous garder des indiscrétions nées de l'enthousiasme, de l'amour et du zèle.

4. Le porteur de lumière accepté: Travailler ensemble avec le Maître

Une fois que vous aurez prouvé votre fiabilité et votre capacité à manier l'information et le savoir avec discrétion, vous serez acceptés en tant que porteur de lumière officiel. Vous et votre Maître deviendrez un en conscience.

Le Maître vous demandera souvent de rendre un service dans le but de conserver son énergie, car la plupart des Maîtres sont impliqués dans de multiples projets. Le Maître vous déléguera ces tâches, ainsi qu'à d'autres pupilles dignes de confiance, selon vos talents particuliers, dans le but de faire progresser une cause spécifique.

À ce stade, le Maître pourra vous offrir des suggestions susceptibles de vous permettre en même temps de hâter votre récupération et de devenir plus utile au travail à effectuer. Le Maître pourra vous transmettre ces messages directement ou par un initié avancé. Ce dernier devient une « ligne de vie » entre le Maître et les autres étudiants possibles qui ne peuvent communiquer directement avec le Maître.

Lorsque vous réussirez certains tests, vous deviendrez un porteur de lumière « accepté » qui continuera d'œuvrer à la récupération de son niveau d'initiation. Par la suite, vous servirez en tant qu'Adepte, et finalement en tant que Maître à part entière.

En conclusion, la reconnection avec votre Maître est de première importance dans le but de connaître votre rôle et votre place au sein du déroulement du Plan Divin pendant le pralaya. Lorsqu'une relation fonctionnelle est établie, le dessein du Soi Supérieur et les conseils du Maître opèrent en harmonie et en tandem l'un avec l'autre. C'est là le partenariat idéal qui vous permettra de réaliser votre mission avec succès.

5. L'apprentissage de la discrimination

Une fois vos perceptions ouvertes aux autres dimensions, vous serez le point focal de beaucoup de babillage en provenance du plan astral. Des voix prétendant être votre Maître flatteront votre ego et tenteront de gagner votre confiance. À ce sujet, le Maître Kuthumi nous offre le conseil suivant:

Toute vie sur le Sentier, tôt ou tard, parvient à un certain point où elle commence à se tourner vers le « petit endroit immobile » au sein du cœur. Au début l'individu commence à se fier à l'intuition, puis à l'inspiration, et, encore plus tard, sur ce contact conscient qui précède la maîtrise consciente, dont l'atteinte constitue sa liberté divine de tous les concepts humains et toutes les formes humaines.

Ceci est le moment le plus difficile sur le sentier spirituel et je demande que lorsque vous venez à l'endroit où vous entrez dans le coeur du silence — où vous communiez avec votre propre Dieu individualisé, que vous soyez extrêmement sages, alertes et prudents quant à la réponse que vous recevrez *en tout premier lieu de vos propres corps*, parce que vous êtes un mécanisme complexe — un être à sept niveaux. Maintenant, alors que votre corps électronique, votre Corps Causal et votre Saint Soi Christique ne peuvent jamais vous détourner du bon chemin — *vos corps inférieurs ont une voix, une conscience et une intelligence qui leur sont propres* — et ces voix, cette conscience et cette intelligence en leur sein entreprennent souvent de *servir leurs propres fins égoïstes à travers vous.*

Une des principales exigences de la maîtrise spirituelle est la *discrimination*. Faites appel à moi, si vous le souhaitez, à mon bien-aimé Seigneur Maitreya, ou au grand Seigneur Bouddha pour cette discrimination dans laquelle vous pourrez reconnaître la *Voix du Silence.*

Sachez toujours que l'injonction qui fortifie la personnalité, ce qui donne de l'importance à l'Égo humain n'est pas la « petite voix immobile » de la Présence, mais plutôt les grondements éthériques de vos propres expériences du passé, les désirs émotionnels de votre monde des sensations, ou des préceptes et des concepts mentaux de vos vies antérieures.

Rappelez-vous si vous vous êtes assis dans le passé devant plusieurs instructeurs qui vous ont transmis tant la vérité que la fausseté, et dans vos corps mental et émotionnel ont construit ces concepts, certains d'entre eux solidifiés et pétrifiés et dormants en eux pendant des siècles, lorsque la flamme commence à monter en vous, ces concepts sont revivifiés et remontent à la surface, et vous devez les reconnaître pour ce qu'ils sont — **pas nécessairement la Voix de la Vérité!**

Alors que vous progressez dans une compréhension de la voix du silence, sachez que ce qui vous rend plus humble, ce qui vous rend plus aimant, ce qui vous rend plus pur, ce qui vous rend harmonieux, est de Dieu. Les sensations qui remuent en votre coeur ce désir de faire de cette étoile une planète de lumière, de libérer votre camarade humain de son fardeau, d'élever ceux qui sont dans la douleur et la détresse vers l'harmonie — c'est de la Lumière. Ce qui *diminue* la personnalité et augmente la puissance du Christ — c'est de Dieu![37]

Un des plus grands dangers de traiter avec des entités astrales comme si elles étaient des Maîtres est que si vous permettez à une d'elles de gagner votre confiance, alors vous ouvrez virtuellement la porte à TOUTES. Ceci parce que l'entité prétendant être un Maître ne peut pas vous protéger des autres entités de mêmes vibrations. En d'autres termes, cette entité n'a pas de vibrations supérieures à celles des autres entités de son genre. Donc, même si vous invoquez la protection de la Flamme Violette de l'une des

---

[37] Traduction du texte original : Innocenti, Geraldine, *Bridge to Freedom Collection of Channelings*, 1953.

centaines d'impostures de Sanctus Germanus, ce sera en vain, puisque l'invocation de la Flamme Violette serait nuisible à sa propre survie!

Apprenez donc à discriminer entre l'imposture et l'authentique en développant votre connaissance de la Sagesse Immémoriale en tant qu'armure contre n'importe quel imposteur ou coquille astrale qui pourrait essayer de vous tromper. Ne vous fiez pas à vos « sensations », car elles peuvent être manipulées astralement, mais écoutez plutôt votre Soi Supérieur et les intuitions qu'il envoie vers votre esprit conscient. Vous pouvez toujours compter sur votre Soi Supérieur, ou *I AM*, pour vous transmettre la Vérité.

6. Prenez la responsabilité de votre être terrestre

À partir de maintenant, dans tous les aspects de votre vie terrestre, devenez responsables de vous-mêmes. Si vous faites face à des crises émotionnelles dans votre famille ou dans votre milieu de travail, ne passez pas votre temps à blâmer les autres, mais considérez que votre responsabilité est de résoudre ces crises. Plusieurs d'entre vous sont entrés dans des relations ou des mariages qui, littéralement, vous rabattent sur le terrain de l'agitation émotive. Habituez-vous à prendre l'initiative de vous retirer silencieusement de ces situations ou déterminez-vous à les résoudre une fois pour toutes. Vous n'êtes pas une victime des circonstances; vous en êtes plutôt les maîtres. Une partie de votre entraînement avec votre Maître vous renforcera dans la conviction que vous devez compter sur votre profonde voix intérieure plutôt que sur les faussetés des médias publics.

Prenez la responsabilité de vos finances. Si celles-ci sont dans un état pitoyable, recherchez profondément la cause de cet état. Vous vous êtes probablement mis vous-mêmes dans ce gâchis, et vous devez vous en sortir vous-mêmes. Vous serez surpris des ressources qui vous parviendront une fois que vous prendrez la responsabilité complète de la situation et que vous aurez décidé de faire quelque chose à son sujet!

Nous insistons sur le fait que prendre la responsabilité de vous-mêmes fait partie du développement spirituel et vous préparera à l'effondrement des institutions humaines sur lesquelles nous nous sommes reposés pendant des siècles. Nous avons déjà observé les inondations qui ont commencé dans certaines régions du monde. Vous avez sans doute noté que les gouvernements nationaux et locaux responsables du bien-être des gens ont prouvé leur incapacité ou ont été débordés par ces désastres mineurs. S'ils ne peuvent faire face à ceux-ci, comment feront-ils face aux catastrophes plus importantes du futur? Vous ne pouvez compter sur eux pour vous aider; préparez-vous donc en conséquence.

Votre agence d'assistance humanitaire locale ou la Croix Rouge ont publié des instructions quant aux préparatifs que vous pourriez considérer dans votre planification. Nous suggérons de faire vos préparatifs en fonction d'une période de temps plus longue que celle qui est suggérée. Si vous vivez dans une région côtière, ou dans une région de faible élévation près d'un plan d'eau intérieur, vous devriez identifier une destination sûre, plus élevée, et déterminer comment vous y rendre si vous avez à évacuer.

La Fondation Sanctus Germanus affichera des messages de la Hiérarchie Spirituelle sur le site www.sanctusgermanus.net. Ces messages devraient servir à vous guider et vous informeront des évènements bien à l'avance.

Nous soulignons de nouveau la nécessité de prendre la responsabilité de vous-mêmes, car l'énormité des changements terrestres, couplée à la crise économique et financière, n'épargnera personne. Il y a des limites à ce que les médias de masse et les gouvernements peuvent faire. La confiance envers vos merveilleux guides spirituels, qui se trouvent seulement à un pas de vous, est donc essentielle. Ils travaillent de concert avec le Plan Divin, et si vous êtes ouverts et prêts à écouter, ils vous guideront.

7. La purification du véhicule physique

Étant donnée l'ouverture du corps physique aux facultés éthériques dans un très proche avenir, nous suggérons que vous établissiez un programme pour purifier votre véhicule corporel par une désintoxication ou un jeûne régulier. Tant l'un que l'autre sont essentiels pour permettre au corps de s'ajuster aux vibrations accélérées. Un état de toxicité dans le corps entrera en conflit avec ces vibrations plus élevées et causera plusieurs inconforts.

Le besoin de désintoxication est aussi ancien que l'humanité elle-même; cependant, l'injonction envers la désintoxication correspond à l'appel du temps. Les connaissances actuelles au sujet de la désintoxication sont plus qu'adéquates. Plusieurs des anciennes religions comme l'hindouisme et le bouddhisme ont développé des méthodes de purification très efficaces, méthodes qui sont toujours valides dans les circonstances actuelles. Par exemple, les cinq « actions à poser » du système de désintoxication ayurvédique *Panchakarma* constituent une méthodologie bien établie pour purger les toxines du corps. Même les anciens chrétiens jeûnaient et se désintoxiquaient périodiquement.

Vous n'avez pas réellement besoin de mélanges phytothérapeutiques de désintoxication compliqués et coûteux. Le jeûne régulier à base de jus est une manière relativement facile de purifier le véhicule corporel. Un ou deux jour par semaine, ne mangez pas et buvez du jus. Jeûner amènera graduellement un changement dans votre diète. Alors que votre corps sera purifié, votre esprit deviendra plus aiguisé et votre corps perdra son poids excédentaire, qui n'est autre qu'un tissu adipeux bardé de toxines accumulées. Un esprit plus aiguisé vous permettra d'être plus ouverts à la communication télépathique avec vos guides spirituels.

Plus pur est le véhicule physique, plus légère est la nourriture que nécessite le corps. Laissez le type de véhicule corporel que vous portez déterminer votre diète. Être végétarien n'est pas nécessairement plus saint que ne pas l'être. Dans le passé plusieurs d'entre vous ont vécu des vies comme de très saints végétariens pour revenir cette fois dans des corps omnivores. Ceci, parce qu'un véhicule corporel en santé et endurci est nécessaire pour supporter le stress physique et mental au cours des années à venir.

Certains d'entre vous, sous l'influence du tabagisme, de la consommation excessive d'alcool, ou de drogues « récréatives » devez travailler vaillamment à vous libérer de ces influences par tous les moyens. La toxicité pompée dans le véhicule physique par ces habitudes ne peut que ralentir votre processus de récupération et, dans la plupart des cas, complètement saboter votre mission.

Les Maîtres essaieront quelquefois de « faire le tour » de ces dépendances, mais dans tous les cas connus, le porteur de lumière devient éventuellement trop peu fiable et trop instable pour manier de l'information et réaliser des tâches importantes en rapport avec le Plan Divin.

8. La purification du corps astral

La purification du corps physique est seulement une partie du processus de purification. La quantité d'émotions accumulées dans le corps astral constitue le grand fléau des temps modernes. Cette couche de problèmes émotionnels bloque le contact aisé que le corps physique dense devrait avoir avec son double éthérique et le corps mental. Toutes ces émotions cachées sont conservées dans le corps astral individuel.

Des énergies éthériques plus élevées et raffinées se déversent sur la Terre, augmentant la fréquence au sein de laquelle nous devons vivre. Elles nettoient aussi de manière substantielle le plan astral aussi bien que votre corps astral. Ainsi, que nous soyons prêts ou non, nos corps astraux ou émotionnels subissent un nettoyage. Ceux qui ne sont pas prêts adopteront un comportement insensé, alors que ceux qui sont prêts supporteront le nettoyage.

Comprenez ce qui se passe lorsque vous vous emportez au sujet de quelque chose d'insignifiant. Comprenez pourquoi les autres se comportent de manière insensée, même au point de faire du mal à leurs voisins. Dans la plupart des cas, c'est comme une torture. Certains deviendront fous, d'autres pourront choisir de quitter la Terre, alors que les forts, sains et endurcis feront face aux émotions qui parviendront à la surface et les traiteront. Ce nettoyage se produit déjà et se poursuivra jusqu'à ce que toutes les scories aient fait surface et aient été balayées.

Alors que ce processus se déroule, vous deviendrez très conscients que vos propres bouleversements font partie d'un processus mondial plutôt que d'un processus personnel. Ils deviendront personnels lorsque vous « prendrez le taureau par les cornes » et que vous choisirez de traiter les émotions spécifiques qui seront exposées. Certaines émotions oubliées depuis longtemps feront surface lorsque vous l'anticiperez le moins. Elles pourront vous étonner, et vous pourrez vous demander pourquoi ces pensées émergent soudainement dans votre conscience. Vous devez leur faire face. Si vous devez pardonner, faites-le. Si vous devez admettre que vous avez eu tort, faites-le. Si vous pensez qu'une grande injustice a été commise envers vous et que vous avez encore du ressentiment, abandonnez-le, car vous seul lui donnez vie.

Les émotions qui parviennent à la surface peuvent même causer des maux et des douleurs inhabituelles. Le yoga est excellent pour traiter cette libération. Lorsque les émotions s'expriment violemment sous forme de peur ou de haine, vous devez agir comme votre propre psychologue et traiter ces émotions par la méditation, ou leur faire face directement par la décision de les transmuter dans l'univers. Laissez tomber la haine, pardonnez et oubliez.

Les psychologues d'aujourd'hui sont bien mal équipés pour traiter ces émotions lorsqu'elles font surface, particulièrement parce qu'ils ne reconnaissent pas qu'un processus de filtration universelle est en marche. Les médicaments sur prescription ne font que multiplier les problèmes. On tentera de traiter les problèmes émotionnels par d'autres moyens mécaniques et moins que satisfaisants. En fait, les psychologues, les psychiatres et la profession médicale admettront être dépassés, sinon complètement abasourdis par la folie autour de nous.

Certaines modalités de guérison Nouvel Âge prétendent lever les blocages émotionnels d'une personne. La vie devrait être si facile! La thérapie énergétique peut aider à désintoxiquer et peut même aider à amener les problèmes émotionnels à la surface, mais c'est à vous qu'il appartient de traiter ceux-ci. En d'autres termes, prenez-en la responsabilité et nettoyez-les, car c'est vous qui les avez placés là en premier lieu!

Trop de gens passent leur temps à se plaindre qu'ils ont été trahis et blessés par leurs amis proches, leurs enfants ou leurs époux. Cela fait mal. Cela nous a tous fait mal à un moment ou à un autre. Mais certains se délectent presque de patauger dans une mare de déceptions en léchant leurs blessures. Nous avons tous eus des taches émotionnelles tenaces au cours de notre vie, mais gémir ne nous aura jamais placés hors de danger. La poursuite de votre progression sur le Sentier forcera nécessairement les blocages émotionnels à faire surface, et ensuite vous devrez les rejeter et les oublier. Nous vous suggérons d'inscrire ces douleurs émotionnelles sur un morceau de papier, et ensuite de le brûler.

Tant la purification physique et émotionnelle des véhicules physique et astral paveront la voie pour que vos facultés éthériques se manifestent et par conséquent vous préparent à l'aventure qui vous attend. Lorsque la Hiérarchie Spirituelle signalera le besoin d'entreprendre une certaine action, ceux qui ont des facultés claires, peu importe où ils se trouvent dans le monde, recevront l'appel et sauront quoi faire. Ce genre de communication ne peut être remplacé par la communication électronique ou les agences gouvernementales.

9. Équilibrez les énergies masculines et féminines

En tant que porteur de lumière, vous devriez chercher à équilibrer les énergies masculines et féminines en vous. Vous n'êtes ni un homme ni une femme, mais une âme exprimant à la fois les énergies masculines et féminines à travers un véhicule corporel donné.

Il est malheureux que le mouvement Nouvel Âge ait mal interprété la bonne nouvelle de la venue des énergies féminines en assimilant celles-ci au genre féminin. Certaines ont même utilisé cette nouvelle pour contre-attaquer, et blâmer le genre masculin de toutes les erreurs dont elles ont souffert comme victimes dans le passé. Ou certaines femmes affichent un air de supériorité alors qu'elles combattent l'oppression masculine ou tentent de reprogrammer leurs amis mâles.

La reprogrammation doit être faite dans nos propres pensées, car en réalité, tant les énergies masculines que féminines n'ont rien à voir avec le sexe du corps physique. Ce sont des qualités d'âme que tout exprime, non seulement les humains mais aussi les animaux et les plantes.

Pour être un porteur de lumière efficace, vous devez oublier le genre et toute la « politique » qui l'entoure. Évitons de sombrer dans l'autre extrême où le genre féminin domine le masculin.

L'équilibre entre ces deux catégories d'énergies est la seule manière pour que le Nouvel Âge d'Or réalise la paix et la tranquillité.

10. Soyez conscients de la libération de vos énergies kundalini

La réalisation des étapes préparatoires ci-dessus signifie nécessairement que vos corps physique et émotionnel auront à s'ajuster à des vibrations de plus en plus élevées alors que le pralaya progressera. Lire et étudier la Sagesse Immémoriale, méditer de concert avec votre Soi Supérieur et communiquer avec votre Maître libéreront les énergies latentes de kundalini logées à la base de votre colonne vertébrale. C'est le développement spirituel approprié qui provoque la libération, et non le contraire. La libération artificielle de kundalini ne vous rendra pas davantage spirituel.

Il y a plusieurs points de vue quant à ce sujet controversé, du complètement fou jusqu'au point de vue plus prudent de la tradition yogique. Certains attribuent tous les malaises dont ils font l'expérience à la montée de leur kundalini, alors que celui qui est plus prudent et conscient peut sentir physiquement la montée et la récession de cette énergie à travers le temps. Chaque fois qu'elle s'élève, elle atteint un chakra plus élevé, pour ensuite redescendre pour une période de repos et d'ajustement. La libération de vos énergies de kundalini est comme un thermomètre de votre développement spirituel.

Tous font l'expérience de cette libération d'une manière différente, mais il est peu probable que la libération des énergies de kundalini vers le haut de la colonne vertébrale se réalise d'un seul coup. Si ceci se produisait, le véhicule corporel ne serait pas capable d'y résister — cela pourrait être dévastateur. Il est aussi peu probable que la manipulation par le kundalini yoga libérerait ces énergies en l'absence du développement spirituel requis.

Il est probable que la libération de kundalini se déroulera pendant une période d'afflux et de reflux de quelques années et, dans le cas d'un porteur de lumière, votre Maître supervisera cette libération en tandem avec la présence émergente du Soi Supérieur dans votre personnalité.

11. Le passage progressif à des techniques de méditation plus avancées

Au moment approprié, la Fondation Sanctus Germanus rendra disponibles des techniques de méditation avancées pour les porteurs de lumière. Ces techniques avancées sont destinées à aider les individus à conserver le contrôle de leur esprit pendant le stress et l'agitation du pralaya. Elles aideront aussi les individus à garder un contact mental étroit avec leurs Maîtres. S'il vous plaît, visitez le site web de la Fondation Sanctus Germanus, www.sanctusgermanus.net, pour de plus amples détails à venir.

La structure intérieure qui nous rassemble tous

Consciemment ou inconsciemment, vous êtes « ... *maintenus ensemble par une structure intérieure de pensée*, et par un fluide télépathique interreliant. Les Grands Êtres que nous cherchons tous à servir sont reliés de cette façon et peuvent, au moindre besoin et avec la moindre déperdition de force, se mettre en rapport les uns avec les autres. Ils sont tous à l'unisson d'une vibration particulière »[38]

Ces paroles nous réconfortent, car ce à quoi nous devrons faire face dans un proche futur ne sera pas un pique-nique. Les porteurs de lumière présentent une grande diversité d'expériences de l'âme qui ajoutent à la richesse et à la profondeur des connaissances du groupe entier. Ils viennent de différents pays, environnements, hérédités et traditions. Il est néanmoins réconfortant de savoir qu'un groupe aussi diversifié se rencontre sur un terrain commun sur le plan éthérique, où on assiste à la rencontre des esprits et des plans. La manière dont nous amènerons cette coopération naturelle à se manifester sur le plan terrestre est le défi qui se trouve devant nous.

"En Lui nous vivons, nous mouvons et avons notre être," signifie en fait *Omniprésence*. L'omniprésence est un terme générique couvrant l'océan des énergies interreliées dont la synthèse constitue le corps énergétique de notre planète.

---

[38] Extrait de la version française de : Bailey, Alice A., *Initiation Human and Solar*, New York: Lucis Publishing Company, 1922, p. 1.

Le corps éthérique de toute forme dans la nature est une partie intégrale des énergies du Créateur connue comme la substance créatrice des formes. Par conséquent, le corps éthérique ou corps énergétique de tout être humain est une partie intégrale du corps éthérique de la planète elle-même et donc du système solaire. À travers ce médium, tout être humain est relié à toutes les autres expressions de la Vie Divine.[39]

Vous, qui avez consciemment choisi de travailler avec le Plan Divin au cours des changements terrestres, serez passés à travers des épreuves émotionnelles qui auront renforcé votre développement spirituel et par conséquent élevé vos vibrations de concert aux vibrations toujours plus élevées sur le plan terrestre. La synchronisation à ces vibrations plus élevées vous placera hors de danger parce que les batailles majeures de l'Armageddon impliquent que les vibrations les plus élevées agitent les plus basses. La guerre et les conflits physiques impliquent les vibrations les plus basses que l'humanité peut produire. Plus élevées seront vos vibrations, plus loin du danger vous serez.

Dans le contexte de ces changements, le développement spirituel ouvrira par nécessité vos facultés innées de voir éthériquement, de communiquer télépathiquement, et finalement de précipiter ce qui est nécessaire à la satisfaction de vos besoins matériels. Vous pouvez réaliser l'activation de ces facultés par la méditation, l'étude et le service désintéressé envers

---

[39] Ibid., p. 2.

l'humanité avant 2012, à travers les multiples modalités religieuses ou spirituelles disponibles sur la Terre. Dans les chapitres suivants, nous discutons de la manière dont le réveil de ces facultés influencera votre travail au cours de la Période de Reconstruction.

CHAPITRE 6

Période de Reconstruction I

Créer l'ordre à partir du chaos 2013 - 2020

La fonte des calottes glaciaires et des régions de permafrost se poursuivra à un rythme accéléré après 2012. Sur les cendres de la guerre mondiale et de la dépression économique, de grandes inondations domineront la vie sur la Terre à partir de ce moment, et imposeront des déplacements de populations d'une ampleur jamais vue dans notre histoire. Des millions choisiront de demeurer sur le chemin du danger et de périr alors que d'autres fuiront vers des endroits plus élevés. La vie sur Terre sera pour le moins éprouvante et chaotique, et les conditions ne favoriseront pas le faible de coeur.

La situation mondiale en 2013

D'ici 2013, le monde se retrouvera dévasté à la suite de la Troisième Guerre Mondiale. Tout espoir que les Forces des Ténèbres auront de faire revivre l'économie se sera évanoui. Alors qu'elles seront forcées d'effectuer leur sortie, les Forces des Ténèbres déclencheront des pandémies pour ravager la planète. Ce sera la dernière action de leur « politique de terre brûlée » — « Si nous ne pouvons pas gagner, alors nous les ferons tous tomber avec nous » — et ils emmèneront avec eux des millions d'êtres. Ceux qui se seront ajustés aux vibrations plus élevées sur la Terre ne seront pas touchés.

Posant un défi encore plus grand à la population de la Terre, les changements terrestres accéléreront davantage, car la fonte des calottes glaciaires polaires et des vastes régions de permafrost se poursuivra à un rythme encore plus alarmant. Le niveau de la mer continuera de s'élever et des tempêtes instables balaieront tous les continents. Leurs pluies prolongées, dignes de l'ère de Noé, transporteront les inondations à l'intérieur des terres, inondant toutes les terres basses.

Des villes majeures situées le long des côtes ou sur des basses terres (comme Hong Kong / Macao, Shanghai, Bangkok, Kolkata (Calcutta), Mumbaï (Bombay), Dubaï, Le Caire, Istanbul, Beyrouth, New York, Londres, Amsterdam, Bruxelles, Marseille et d'autres) succomberont sous les inondations et connaîtront des pertes de vies humaines sans précédent. Des villes intérieures situées près de fleuves ou de plans d'eau majeurs, comme Chicago, Détroit, Toronto, Montréal, Francfort et Paris, subiront le même sort.

À ce moment, la combinaison meurtrière de la guerre, des maladies pandémiques, de la pauvreté et des catastrophes naturelles accélérées aura déjà réduit significativement la population de la Terre. La convergence de ces crises aura causé une souffrance et des pertes de vie sans précédent sur toute la planète.

Le bouleversement et le regroupement

Le bouleversement général de la population de la Terre mettra en action les Lois d'Attraction et de Répulsion. Contrairement à d'autres planètes, la Terre a reçu jusqu'ici une population hétérogène composée de « traînards » sur le chemin de l'évolution provenant d'autres planètes et d'autres galaxies, d'âmes sans racines dans l'univers n'ayant aucun autre endroit où aller, de restes de races-racine antérieures et d'une variété d'êtres humains à différents stades de développement spirituel. De cette diversité a résulté des conflits continuels, dont aucune autre planète du système solaire ne fait l'expérience. À cause de l'arrivée des vibrations plus élevées, le filtrage de la population de la Terre au cours de cette période activera ces deux Lois Cosmiques, et les survivants se regrouperont en fonction de celles-ci.

Ceux qui, grâce à l'instinct de survie, fuiront vers des endroits plus élevés se joindront à ceux avec qui ils sont compatibles en accord avec ces Lois Cosmiques. Les porteurs de lumière motivés par leur dessein et leur mission se frayeront éventuellement un chemin vers les Régions Spirituelles plus protégées où ceux dont la pensée est similaire se seront rassemblés. Là, ils rencontreront d'autres personnes qui, par la vision et la prévision, auront peuplé ces régions au cours des années précédentes.

Curieusement, tous les survivants, même s'ils sont las et fatigués, seront remplis d'espoir et auront une nouvelle manière de percevoir la vie. L'épaisse crasse du plan astral se sera éclaircie considérablement, et davantage de lumière parviendra jusqu'au plan terrestre. Les rangs des Forces des Ténèbres se seront aussi éclaircis, et la masse critique des Forces de la Lumière commencera à peser plus lourd qu'eux. L'arrivée toute fraîche de l'énergie de vie du Soleil, le *prana*, commencera à ressusciter le plan terrestre et son double éthérique, permettant aux gens de respirer librement une fois encore. Les choses sembleront et seront ressenties comme plus légères et plus lumineuses, malgré les inondations. Les énergies éthérées plus raffinées imprègneront le corps de l'homme et l'âme s'étirera pour stimuler le contact avec son corps éthérique plutôt que son corps physique. Alors que l'humanité progressera davantage vers le Nouvel Âge d'Or, ce processus s'intensifiera.

À ce moment, la distinction entre le bon et le mauvais sera évidente, et les âmes bonnes et innocentes sur la Terre commenceront à prendre les choses en charge. L'influence du plan astral rôdera toujours, mais les formes-pensées qui le « colorent » seront d'une nature astrale plus élevée. Les désirs et les émotions personnelles et égotistes feront graduellement place à un besoin de servir les autres, cette tendance évoluant plus tard en un service divin. Une grande part de la sentimentalité émotionnelle gratuite « je me sens bien », des amples oscillations entre la haine et l'amour et des perverses et sombres pensées de violence s'effaceront graduellement. La littérature, les beaux-arts et la musique s'épanouiront vers de nouveaux sommets malgré l'agitation du monde et serviront à élever la pensée en crise plutôt qu'à la déprécier. La société en général commencera à rechercher le supérieur et le meilleur plutôt que de plonger dans les profondeurs de la dépravation.

Les lieux élevés et les Régions Spirituelles

La configuration géographique de la surface de la Terre changera après 2012. Lorsque les inondations empièteront progressivement sur la terre, les masses ignoreront les signaux initiaux et par conséquent périront. Alors que plusieurs écouteront leurs intuitions bien avant les évènements, le nombre de ceux qui choisiront de survivre est actuellement inconnu.

La population générale cherchera naturellement refuge dans les endroits élevés qui sont les plus près des régions inondées. Les porteurs de lumière et leurs disciples, d'un autre côté, suivront leurs intuitions et prendront la route des Régions Spirituelles désignées bien avant que les inondations touchent leur région. Les Régions Spirituelles sont toutes très éloignées des régions côtières et sont situées sur de hauts plateaux de chaque continent. Plier bagages et se déplacer vers celles-ci nécessiteront un haut degré d'engagement et de foi.

En préparation des évènements à venir, des adeptes de sociétés mystiques secrètes reliées aux groupes régionaux de la Hiérarchie Spirituelle ont déjà commencé à déménager dans ces Régions Spirituelles sous le couvert d'autres identités. Ces sociétés ont conservé la pureté des enseignements mystiques de la Hiérarchie à travers les siècles, enseignements à partir desquels ont essaimé les différentes religions exotériques connues aujourd'hui.

Les régions élevées

Les millions de survivants provenant des basses terres fuyant vers les endroits élevés entreprendront le travail ardu de reconstruction et de survie avec peu ou aucune aide de la part de leurs gouvernements. Un état général d'anarchie existera jusqu'à ce que des groupes se forment et développent des règles de survie. De petites colonies, éparpillées le long des contreforts des chaînes de montagne actuelles, s'organiseront en accord avec la Loi d'Attraction.

Les régions sûres situées en terrain élevé offriront des refuges temporaires, mais seront cependant assujetties aux changements terrestres continuels et plus profonds projetés dans l'Étape 3 (voir le chapitre 3). Les seules régions qui survivront à ces changements additionnels seront les douze Régions Spirituelles désignées par la Hiérarchie Spirituelle. Ces régions croîtront à travers le temps pour devenir de grandes civilisations avancées ancrées dans la spiritualité, et attireront leur population des régions avoisinantes.

Les années 2013 à 2020 constitueront la période la plus difficile et chaotique de notre scénario de transition. Les populations survivantes subiront un état de flux constant alors que la mer, les fleuves, les lacs et les autres plans d'eau accapareront les régions de basses terres. Des pluies denses et soutenues inonderont les terres intérieures. Seuls des squelettes de gouvernements demeureront, et ceux-ci seront rendus inutiles. Les autorités des juridictions locales seront forcées de se reposer sur leurs propres moyens pour maintenir la loi et l'ordre et créer des groupes d'entraide mutuelle parmi les déplacés. Là où cela ne sera pas possible, l'anarchie existera, comptant sur l'instinct fondamental de bonté de l'humanité pour maintenir l'ordre dans une situation chaotique.

Plusieurs régions urbaines situées en terrain élevé demeureront intactes, et un grand nombre de personnes déplacées se dirigera vers ces régions. Les gouvernements locaux de ces régions élevées auront à faire face à des milliers et des milliers de réfugiés et à satisfaire leurs besoins de base. L'ampleur du déplacement de population sera tellement importante que seuls les groupes d'entraide mutuelle bien organisés et les gouvernements locaux seront en mesure de mettre en place des solutions, dépendant fréquemment de la générosité et de l'initiative des résidents locaux.

Avec l'effondrement des lois, des contrats, des droits de propriété et de l'ordre général de la société, les survivants ne pourront se reposer que sur bien peu, excepté la recherche de ceux dont le taux vibratoire est similaire au leur. À ce moment, les Lois Cosmiques naturelles, et non la loi de la jungle, prendront automatiquement le relais. Des groupes ad hoc se formeront en accord avec la Loi d'Attraction. Chacun sera libre de choisir l'endroit et les personnes avec qui vivre. De cette manière, de petits groupes se formeront afin que les individus se protègent les uns les autres et survivent dans la sécurité des régions élevées.

Alors que les régions élevées lutteront pour rétablir l'ordre et installer les déplacés, les porteurs de lumière continueront à se frayer un chemin vers les douze Régions Spirituelles, où leurs camarades et les membres de la Hiérarchie Spirituelle se seront rassemblés pour débuter le processus de reconstruction à partir des Lois Cosmiques. L'ordre émergera du chaos aussi rapidement que les Régions Spirituelles pourront se consolider et s'établir, car ces Régions Spirituelles remodèleront la société en vue du Nouvel Âge d'Or.

Douze Régions Spirituelles: douze expériences

Au cours des sous-rondes précédentes existèrent de grandes civilisations spirituelles dans lesquelles se produisirent une interrelation active entre les dimensions spirituelles et le plan terrestre. Ces régions, telles que la Chine et la Mésopotamie, fleurirent avec peu de contact entre elles. Au cours des Âges d'Or antérieurs, les civilisations — telle que celle dirigée par une incarnation du Maître Sanctus Germanus dans ce que nous connaissons aujourd'hui sous le nom de Désert du Sahara — fleurirent sous la Loi

Cosmique.[40] Leurs habitants vécurent sous un régime de paix et de tranquillité, et plusieurs Maîtres naquirent de celles-ci.

Dans un retour à cette tradition ancienne, la Hiérarchie Spirituelle a désigné douze Régions Spirituelles pour servir territoires-source, de points d'ensemencement à partir desquelles la civilisation de l'Âge d'Or s'étendra sur chaque continent. Ces douze Régions Spirituelles constitueront des poches d'ordre au milieu du chaos, et seront gouvernées d'après la Loi Cosmique. Nous n'anticipons pas que l'Âge d'Or promis sera global, mais il se manifestera dans ces centres. Ceci, parce que le reste du monde sera dans les tourments des ajustements géologiques.

Ensemble, ces Régions constitueront un nexus de portails énergétiques à partir desquels la Hiérarchie communiquera son plan pour la réorganisation de la société humaine et la mise en place du travail de fondation pour la manifestation longuement attendue de l'Instructeur Mondial, dont l'apparition dans une forme estimée réalisable, est anticipée aux environs de 2020. Des adeptes des branches régionales de la Fraternité de Lumière émergeront des plans spirituels intérieurs pour aider les porteurs de lumière à se consolider dans ces régions.

---

[40] Traduction du texte original: King, Godfré Ray (G. Ballard), *The Unveiled Mysteries*, Schaumburg, Illinois: Saint Germain Press, Inc., 1982, pp. 33-71.

Dans les Régions Spirituelles, les porteurs de lumière, de concert avec les adeptes de la Hiérarchie Spirituelle, construiront une société de transition qui expérimentera avec le meilleur de notre civilisation actuelle et de nouvelles idées émanant de la Hiérarchie Spirituelle dans le but de créer un modèle opérationnel pour le Nouvel Âge d'Or. Ces centres d'érudition et de puissance spirituelles seront modelés d'après Shamballa, le quartier général de la Hiérarchie. Chaque région deviendra un rayon de lumière pour son continent, et chacune représentera une nouvelle forme d'aspiration, basée sur le développement spirituel.

Les personnes vivant dans les régions avoisinantes aspireront à se rendre dans les Régions Spirituelles pour vivre sous un régime de lumière. Plus jamais l'argent et la richesse matérielle ne seront les aspirations principales de l'humanité. Tous seront bienvenus, à condition qu'ils puissent démontrer le niveau de développement spirituel requis. S'ils ne le peuvent pas, les vibrations supérieures de ces régions seront trop difficiles à supporter et les repousseront naturellement. Les vibrations supérieures protégeront ces Régions Spirituelles des incursions superflues, car un état de dualité continuera d'exister sur la Terre.

De chaque Région Spirituelle proviendra la fondation de la loi et de l'ordre pour une région particulière, en considérant les caractéristiques raciales et culturelles. Alors que la stature des Régions Spirituelles augmentera, celles-ci constitueront tant la hiérarchie administrative que la hiérarchique spirituelle représentative pour chaque région. Les colonies dans les régions élevées avoisinantes aux Régions Spirituelles se verront offrir le choix d'imiter ou de s'intégrer à cette réorganisation hiérarchique.

Nous vous le rappelons, les douze Régions Spirituelles qui ont été révélées sont les suivantes:

Amérique du Nord: (1) de la région de Banff-Lake Louise près de Calgary, Canada jusqu'aux Grand Tetons du Wyoming, États-Unis et (2) le plateau du Colorado

Amérique du Sud: (3) la province de Córdoba en Argentine et (4) la province de Goias au Brésil

Asie: (5) le plateau du Qinghai-Tibet et (6) le plateau du désert de Gobi

Asie du Sud: (7) Darjeeling dans les Himalayas

Australie: (8) la région de l'Outback australien

Moyen-Orient: (9) le plateau iranien près de Yazd

Afrique: (10) les hautes terres centrales dans la région du lac Kivu et (11) le plateau de Ahaggar près de Tamanrasset, Algérie

Europe: (12) le plateau transylvanien dans les montagnes des Carpathes

Les modèles climatiques changeront rapidement et radicalement au cours des décennies à venir et rendront des régions hostiles telles que l'Outback australien, le plateau du Sahara, et le Plateau du Gobi beaucoup plus habitables. Nous anticipons qu'un climat très doux, humide, dominera et que des pluies régulières recommenceront dans ces régions arides qui furent jadis fertiles. Ceux qui ont déjà vécu dans des régions désertiques ont déjà noté que, lorsque la pluie tombe, le désert reprend vie immédiatement.

La treizième Région Spirituelle: la capitale du Nouvel Âge d'Or

La treizième Région Spirituelle sera désignée capitale du Nouvel Âge d'Or aux environs de l'année 2040. Deux sites pourront être considérés: l'Île de Victoria dans les confins nordiques du Canada, et le Groënland. Ce qui déterminera si l'un ou l'autre rencontre les nécessités karmiques de la Hiérarchie Spirituelle pour un lieu aussi sacré dépendra de ce qui sera révélé après la fonte des glaciers, et la manière dont ces deux endroits seront utilisés au cours de la guerre mondiale.

La reconstruction dans les Régions Spirituelles

La Période de Reconstruction résultera d'une contemplation et d'une méditation profondes par les adeptes de la Hiérarchie Spirituelle qui auront suivi le mouvement vers les Régions Spirituelles amèneront. Les changements terrestres catastrophiques du pralaya auront détruit les symboles et les institutions qui ne servaient pas clairement l'humanité. Cependant, nous n'anticipons pas que l'humanité reconstruira la même civilisation, tel que semble l'impliquer le terme de « reconstruction ». Sur la base de la solide expérience des millénaires passés, nous reconstruirons seulement ce qui nous servira. Cette reconstruction impliquera donc un choix : le déracinement du mauvais et la reconstruction du bon — une deuxième chance accordée de rectifier ce qui a mal tourné.

Pralaya signifie « une période d'obscuration, de destruction et de repos ». Le repos est une caractéristique cruciale d'un pralaya, mais n'implique pas que l'humanité flânera ici et là en ne faisant rien. Les Lois Cosmiques qui gouvernent une période de pralaya sont destinées à équilibrer les périodes de création active. Le repos est une occasion de prendre note de ce qui a été accompli, d'évaluer ce qui a bien été et ce qui a mal tourné, et d'apprendre ce qu'il faut garder et rejeter. Cela ressemble beaucoup à la phase d'évaluation du cycle d'un projet. Une fois un projet terminé, des évaluateurs cherchent à déterminer s'il a atteint ses buts, et si non, à apprendre pourquoi il ne les a pas atteints. Là se trouvent les vraies leçons que l'âme doit contempler et à propos desquelles elle doit réfléchir. Ainsi, plutôt que d'être malmenée sur la mer tempétueuse du progrès, du changement, des essais et des erreurs, l'âme se repose sur les eaux calmes de la contemplation et de l'évaluation.

Ceux qui s'incarnent au cours du pralaya ne seront pas aussi aveugles que leurs prédécesseurs. Leur capacité de faire appel à leurs vies antérieures et à lire les enregistrements akashiques sur le plan mental sera améliorée de manière à ce que la revue de leurs vies au cours d'autres périodes de création active puisse contribuer au Nouvel Âge d'Or.

La Période de Reconstruction atteindra une grande profondeur. Comme un cadeau du ciel, une opportunité nous est donnée de RE-construire ce qui aurait du être bâti sur un sol plus ferme. C'est là l'essence de la signification de la Reconstruction.

Les Lois Cosmiques gouvernant les Régions Spirituelles

Le Maître Sanctus Germanus réfléchit et médita profondément au sujet de ce pralaya des siècles avant le début des évènements catastrophiques réels. D'autres Maîtres, leurs initiés et des porteurs de lumière se penchèrent également sur les plans et les détails de la préparation. Rien ne fut laissé au hasard, sauf le libre choix exercé par l'humanité. L'ordre émergera CERTAINEMENT du chaos dans les Régions Spirituelles, si les porteurs de lumière suivent les directives de se diriger vers ces régions bien à l'avance des déplacements de population massifs, et s'ils travaillent avec les adeptes de la Hiérarchie pour créer la structure qui amènera l'ordre à une société en état de changement continuel. Toutes les Lois Cosmiques déjà connues de l'humanité demeureront à l'oeuvre, car elles sont aussi éternelles que l'univers. Comprendre celles-ci est une autre question. Au surplus de ces Lois, nous souhaitons introduire un nouvel ensemble de Lois Cosmiques relatives aux périodes de destruction et de repos telles que le pralaya.

La société de transition

Les habitants des Régions Spirituelles organiseront une société de transition qui expérimentera avec des organisations et des institutions fondées sur les Lois Cosmiques. C'est à cause de sa nature expérimentale que cette société est dite « de transition ». Le modèle qui émergera de cette expérience sera utilisé pour créer le Nouvel Âge d'Or tant promis.

Le dessein ultime d'une société est de permettre aux âmes de s'exprimer librement à travers leurs véhicules corporels physiques respectifs. Par l'éducation, la méditation et le service au sein d'une structure de Lois Cosmiques, une société peut en elle-même atteindre cette « Libération de l'Âme ».

Les Lois Cosmiques fourniront une structure légale adaptée aux conditions qui prévaudront. Elles formeront un parapluie de principes, un peu comme une constitution, mais davantage alignés aux vrais principes universels. De ces grands principes, des règles humaines pourront être ajustées pour satisfaire aux besoins locaux.

La Loi Cosmique n'est pas écrite sur papier. Elle est inscrite dans le tissu même de chaque âme. Tout se déplace et existe au sein d'une structure légitime de règles et de cycles. Ainsi, lorsque l'âme est libérée dans chaque individu, le modèle de base de la loi et de l'auto-application devient manifeste. L'application et la mise en place appropriées de la Loi Cosmique ne nécessitent aucune police, aucun militaire, aucune arme pour contraindre ou forcer l'obéissance, et aucune décision arbitraire basée sur les notions individuelles de l'application de la loi. Il s'agit plutôt de la loi et de l'application intérieures, combinées à une joie dans le coeur qui réalise ses obligations dans le cadre de la création et qui donne à chacun ce sens de paix et de sécurité tant recherché au sein du monde actuel.

Alors que les âmes seront libérées, la connaissance de la Loi Cosmique surviendra. Les tomes juridiques qui remplissent les bibliothèques actuelles perdront leur raison d'être, puisque ces actes criminels, qui sont fondamentalement le miroir d'une divergence de l'humanité par rapport à la Loi Cosmique, ne se produiront plus. Les enseignements de la Hiérarchie Spirituelle corrigeront les notions erronées quant aux Lois Cosmiques héritées de la civilisation actuelle, et le processus d'apprentissage à tous les niveaux de la société se poursuivra avec instance.

Des Lois Cosmiques qui ne sont pas encore articulées seront ensuite introduites et mises à l'épreuve dans la société de transition. La manière dont la société de transition s'adaptera à ces Lois est inconnue en ce moment. Une expérimentation de cette nature sera fondamentale à la construction d'un Nouvel Âge d'Or.

L'ensemble des Lois Cosmiques ci-dessous caractérise l'état d'esprit que l'humanité doit adopter au cours d'une période de pralaya et la manière dont la reconstruction devrait être envisagée. Alors qu'elles peuvent sembler très similaires les unes aux autres, il y a des différences subtiles.

1. La Loi d'Attraction

Ce qui se ressemble s'assemble. La Terre ne sera plus un dépotoir libre pour des niveaux d'évolution disparates. Il ne sera plus possible à un individu déconnecté de son âme de s'incarner sur la Terre comme tant l'auront fait au cours de l'ère dominée par les Forces des Ténèbres. Le taux vibratoire plus élevé de la Terre empêchera ceci automatiquement. Dans un premier temps, c'est à dire pendant que les parents s'ajustent aux vibrations plus élevées, ce phénomène pourrait se manifester dans le nombre de bébés morts-nés ou qui ne survivent pas. Ceci ne devrait pas alarmer les survivants, mais être considéré comme la meilleure manière d'arrêter les tentatives d'intrusion vers le nouveau plan physique. Par la suite, les nouvelles incarnations arriveront dans des véhicules aux taux vibratoires plus élevés, tel que prévu dans le plan.

L'implication de cette Loi dans la création de véhicules harmonieux est sans doute une des plus importantes, car elle agit telle une politique d'immigration cosmique qui continuera d'empêcher l'infiltration des évolutions inférieures. Au sein du nombre infini des systèmes solaires, il existe d'autres planètes sur lesquelles il serait plus approprié pour ces dernières de prendre forme.

L'homogénéité de taux vibratoire est par conséquent le résultat de l'application plus stricte de la Loi d'Attraction, même si sous son influence toute l'humanité ne deviendra pas uniforme. En fait, la variété et les couleurs des différents véhicules augmenteront — bleu, vert, rouge — et stupéfieront l'humanité actuelle. Néanmoins, la compatibilité vibratoire harmonisera toutes les relations de manière à ce que la couleur ne soit pas utilisée comme critère de discrimination mais plutôt comme une contribution à la qualité de la société — en essence, une expression plus complète de l'âme collective. La différence de couleur sera vue principalement au niveau physique, la couleur sur le niveau éthérique se fondant dans l'harmonie de la matière plus raffinée.

Des individus opérant sur des taux vibratoires supérieurs similaires peuvent accomplir tellement plus que des groupes hétérogènes. Imaginez des groupes fondamentalement accordés à certains objectifs au sein du Plan Divin et travaillant harmonieusement de concert les uns avec les autres! Aujourd'hui, ceci est rare, sinon impensable. Les personnes dont l'état d'esprit est similaire se rassembleront et travailleront ensemble, et des communautés se formeront de la même manière, selon l'attraction mutuelle de leurs membres. Personne ne sera forcé ou contraint de se joindre à ou de travailler avec des gens de tendances et de caractéristiques différentes, la liberté de chacun de choisir ou de retourner à un ashram étant préservée et garantie dans cette Loi.

2. La Loi de Répulsion (l'inverse)

Cette Loi s'applique aussi et par conséquent forme les frontières ou les limites de l'activité de groupe. Par conséquent, le groupe a certaines limitations géographiques et politiques dans le but d'assurer qu'il ne dominera pas d'autres groupes ou qu'il n'utilisera pas la force pour contrôler et garder artificiellement les gens ensemble. La Loi de Répulsion pose donc les limites de l'action de groupe et assure la diversité parmi les groupes. Cependant, même au sein de cette diversité, il y aura des intérêts communs parmi les groupes qui lieront ceux-ci dans le cadre des limites imposées par cette Loi.

3. La Loi de Spontanéité Cosmique

La spontanéité cosmique n'est autre que la manifestation extérieure des connaissances de l'âme plutôt que l'action délibérée et mesurée. On observe beaucoup de cette spontanéité chez les enfants d'aujourd'hui, et elle puise au sein de l'Intelligence Divine d'une manière des plus directe et positive.

Cette Loi est liée à la communication télépathique, car c'est la spontanéité qui assure la forme la plus pure de transfert de pensée. Une forme-pensée déposée dans votre esprit est instantanément reconnue et digérée. Il s'agit de la compréhension instantanée dans sa forme la plus pure. Les formes-pensées sont inévitablement tordues par la position et la réflexion humaines, ce qui cause des distorsions que l'expérience ultérieure devra enlever. La spontanéité cosmique se rapproche beaucoup du dicton « plus rapide qu'un rayon de lumière ».

Une telle spontanéité fonctionne mieux lorsque le corps astral est sous contrôle et que le véhicule physique (tant le physique dense que l'éthérique) est en contact direct avec les corps mental et causal.

4. La Loi de l'Action Perpétuelle

Tout est en mouvement. Cette Loi reconnaît que toute la création est en perpétuel changement, et qu'il n'y a aucune place pour la paresse ou pour forcer les autres à faire le sale travail. Ainsi, ceux qui reconnaissent cette Loi se départiront de la tradition et des anciennes manières et s'ouvriront aux idées toujours en évolution qui émanent de la hiérarchie.

Il existe un état d'esprit chez certains individus qui veut que la croissance s'arrête à un certain âge. Ils adoptent des styles et des manières de penser qui sont confortables et traditionnels. Plusieurs arrêtent leur croissance mentale et intellectuelle. Une fois la compréhension du dynamisme perpétuel enracinée dans la nouvelle société, l'attachement à la tradition fera place à la réception du flot ininterrompu d'idées divines dans le nouvel ordre.

5. La Loi de la Fluidité et de la Malléabilité Perpétuelles

Le concept contraire de cette Loi est un état d'esprit matérialiste qui souhaite fixer toutes les idées dans une forme solide ou stable. La fluidité et la malléabilité amènent un goût plus élevé et plus subtil pour le spirituel, *toujours en recherche*, toujours adaptable, toujours en mesure de laisser tomber ce qui ne sert plus, de délaisser ce qui encombre. C'est là l'ouverture d'esprit à son meilleur.

6. La Loi d'Abandon

Dans l'univers, les idées et les formes-pensées abondent, toutes pour l'usage de l'homme. Elles circulent librement en tant que ressources à être utilisées pour la Libération de l'Âme, ou à être abandonnées ou délaissées pour que d'autres les utilisent. S'attacher à la prétention que certaines idées sont vraies pour toujours, quelle que fut leur véracité à un moment donné, retarde la croissance et le progrès. Être capable de laisser aller lorsque se présente le bon moment est un aperçu de ce qu'est la vraie liberté. Lorsque vous laissez aller, vous le faites parce que votre âme vous dirige vers quelque chose de meilleur. Pourquoi ne pas continuer vers le meilleur? Pourquoi s'attacher à ce qui est confortable et sûr alors qu'une nouvelle idée pourra s'avérer encore plus confortable et sûre? Les gens tentent d'éviter le bouleversement qui se produit lors de l'adoption du nouveau, mais savoir accueillir les changements et les bouleversements fait partie du spectre de la vie; c'est reconnaître qu'abandonner quelque chose qui est devenu inutile est l'expression d'une Loi cosmique de progrès.

7. La Loi de Bouleversement

Nous avons mentionné que la transition de l'ancien au nouveau implique toujours un bouleversement dans la vie de chacun. Plus chacun s'habitue au changement, adhère à la nécessité du changement et permet à de nouvelles idées de pénétrer dans sa vie, mettant de côté ce qui n'est plus utile, alors plus chacun devient accoutumé aux bouleversements au cours de la transition. Ceci fait partie de la nature cyclique de l'univers. Cette Loi donne du pouvoir; elle doit être respectée et tolérée, et non évitée ou esquivée.

8. La Loi du Renouvellement Constant

Les cycles vont et viennent, mais une chose est certaine, alors que nous écartons ce qui n'est plus utile, un renouvellement se produit, rétablissant la tranquillité et déversant de nouvelles énergies afin de renouveler notre vie. Ceci fait partie du cycle éternel que plusieurs esprits réactionnaires d'aujourd'hui utilisent pour empêcher le renouvellement. Néanmoins, un renouvellement est l'achèvement d'un cycle et doit se produire avant que quoi que ce soit d'autre puisse se poursuivre. Essayer d'arrêter la fin d'un cycle fait obstacle au progrès. La Loi du Renouvellement Constant est apparentée à la Loi de l'Abondance et de l'approvisionnement constant; cependant, comme toutes choses, cet approvisionnement se produit par cycles et lorsqu'il est épuisé, il est renouvelé.

Vous ne pouvez pas tout recevoir en même temps, mais vous recevrez en temps et lieu, lorsque nécessaire, et c'est habituellement au début d'un cycle. Le flot de l'abondance n'est pas récolté tout en même temps ou empilé pêle-mêle, mais bien en étapes cycliques mesurées avec précaution.

9. La Loi de Synchronicité

Alors que la Terre change de position, ainsi changera la perception du zodiaque par l'humanité, perception qui a joué un rôle majeur, à travers l'astrologie, dans la compréhension de la chronologie des évènements. Le temps, par conséquent, se poursuivra sur le plan terrestre et dans le Nouvel Âge d'Or. Mais le temps sera gouverné par certains buts au sein du Plan Divin, qui à son tour est synchronisé avec la perception du nouveau zodiaque.

La fonte des calottes glaciaires est une indication du mouvement de l'axe nord-sud de la Terre, et ce changement graduel nécessitera des ajustements dans la perception que l'homme a des interrelations planétaires et de leur influence sur les activités terrestres.

Le Plan Divin pour les Régions Spirituelles est synchronisé avec les interrelations planétaires. Par conséquent, une astrologie modifiée reflètera cette nouvelle synchronisation du temps. Il existe des blocs de cycles dans lesquels certains buts du

211

Plan doivent être accomplis, et les évènements et les activités s'imbriqueront en conséquence d'une manière synchronisée. Le temps doit être compté selon les termes de ces cycles et non selon les horloges de l'humanité.

Le rôle de l'humanité est de reconnaître ces interrelations et de choisir ses actions entre plusieurs, en accord avec ces blocs de synchronicité. Ainsi, une approche plus passive de la vie caractérise un pralaya et permet à la chronologie des évènements de se dérouler selon les termes du Plan Divin. Permettre au Plan de se dérouler comme prévu est permettre à la Loi de Synchronicité de se dérouler. Un nouveau genre d'astrologues est nécessaire pour dévoiler cette Loi et l'interpréter pour les gens.

L'activité entêtée et affairée se conformant à quelque agenda déterminé arbitrairement qui caractérise aussi bien l'ère actuelle — comme les conquêtes et le bellicisme agressif — ne se produira pas au cours d'un pralaya. L'humanité doit apprendre à se détacher de l'activité entêtée — à prendre du recul et à permettre à la Loi de Synchronicité de prendre le contrôle et de se manifester.

10. La Loi de l'Impulsion Divine

L'Impulsion Divine est la reconnaissance qu'avec le Plan vient la force ou la volonté de sa réalisation. Tout élément ou toute mesure du Plan Divin possède le pouvoir inhérent de se manifester sur le plan terrestre. Alors que les interrelations planétaires commencent à dévoiler certains blocs ou cycles de réalisations, une impulsion de réalisation, construite au sein du Plan, prend le relais. Ceci met en action certaines activités que la Hiérarchie Spirituelle extériorisera sur la Terre, qui à leur tour créeront les activités adéquates pour leurs contreparties terrestres. Le plan est réalisé, mais c'est à l'humanité de s'y joindre et de céder à l'impulsion de réalisation.

Les individus sont libres de choisir des activités qui feront la promotion ou contrecarreront une telle impulsion. Être de concert avec l'impulsion de réalisation permet l'ouverture d'opportunités de service infinies, alors que la contrecarrer fait buter l'âme contre celle-ci. Reconnaître l'existence d'une impulsion et s'y joindre place l'homme en harmonie avec le Plan, car les forces qui voudraient contrecarrer le plan seront éventuellement dissipées. Une action contraire sera considérée comme une violation de la Loi Cosmique.

Dans les Régions Spirituelles, la reconstruction nécessitera une telle impulsion, car autrement l'évolution piétinera. Donc, dans un certain sens, l'adhésion passive à la force contenue dans le Plan au cours d'un pralaya résultera en une activité de reconstruction qui n'est pas une « nouvelle » activité mais plutôt la rectification ou la correction de ce qui aurait dû transpirer. Être dans l'esprit du Plan nécessite que l'humanité interfère moins avec le Plan et cède à son impulsion. Alors que les efforts de reconstruction reflèteront ceux prévus dans le Plan Divin, ils atteindront l'Impulsion Divine nécessaire pour se manifester au sein du cycle temporel alloué, tel que défini par la chronologie des interrelations planétaires.

Cette impulsion sera reflétée dans la nouvelle astrologie à être développée dans les Régions Spirituelles. Ce n'est pas un changement dans l'univers que l'homme observe, mais un changement dans sa position et sa perception. Par conséquent, l'Impulsion Divine sera comprise et organisée au sein de la nouvelle astrologie.

11. La Loi de l'Adhésion Passive

Cette Loi sous-tend toute activité au cours des périodes de pralaya. L'ère actuelle considère la passivité comme une caractéristique négative. L'activité agressive a mené à beaucoup de résultats dans les domaines de la structure concrète, de la recherche et des idées innovatrices. Cependant, la plupart de ce qui a été créé doit être évalué d'après les termes du Plan Divin. Dans le Nouvel Âge d'Or, la créativité active fera place à la sagesse passive. La sagesse est ce qui évalue la créativité en fonction de son utilité et de ses bénéfices évolutifs pour l'humanité.

L'adhésion passive au Plan accorde la reconnaissance à une structure appropriée au sein de laquelle la créativité de l'homme peut être canalisée pour le bénéfice du tout. La sagesse qui émane du Plan doit être reconnue et utilisée pour évaluer ce qui a été créé au cours de l'ère actuelle, supplantant l'individualisme rude. Absorber et comprendre le Plan en ancre les principes et les lois. De cette manière, le mauvais sera naturellement éjecté et le bon sera retenu.

Pour qu'une personne puisse adhérer à cette Loi Cosmique, le corps mental doit être développé. Un intellect cultivé est requis pour comprendre le sens profond de la sagesse. Par conséquent, l'adhésion passive implique une activité mentale active par rapport à l'action physique. Et cette activité mentale se concentre sur l'évaluation du passé, l'adoption de ce qui est utile et bénéfique parmi ce qui a été créé au cours de l'ère actuelle, et l'invocation de la sagesse nécessaire à la mise en place de ce qui aura été retenu.

L'adhésion passive au Plan Divin permet par conséquent une évaluation et amène à la surface ce qui est conforme aux principes de sagesse du Plan. Ce processus demande une activité, mais elle est passive parce qu'elle est définie et restreinte par la sagesse.

12. La Loi du Mouvement Inverse

En accord avec ce que nous avons dit au sujet de la période de pralaya, une grande part de ce qui est un progrès est en fait une récapitulation et une évaluation de ce qui a été créé au cours de la période d'activité précédente, i.e. le tamisage du mauvais et la rétention du bon. En inversant le mouvement général, nous nous déplaçons en fait vers l'avant avec le bon et le positif. L'élimination de ce qui n'est pas utile à l'humanité fait de la place pour mettre l'emphase sur et permettre l'expansion du positif. Dans la pensée linéaire, le mouvement inverse impliquerait une régression, et cela est exact dans un certain sens, mais dans la pensée multidimensionnelle, l'inversion signifie faire de la place pour l'expansion du bon. Réfléchissez-y.

13. La Loi du Confinement

Le filtrage de ce qui n'est pas utile à l'humanité doit être effectué avec la plus grande sagesse. Dans certains cas, le choix est évident, car certaines institutions ou lois humaines sont clairement en violation de leur contrepartie cosmique. Mais dans la plupart des cas, le choix implique des formes-pensées qui n'ont pas germé complètement ou dont la signification a été tordue au cours de leur descente dans la matière. Par conséquent, elles n'ont jamais réalisé leur plein potentiel.

Dans ce contexte, le confinement signifie la préservation de ce qui est bon au sein des formes-pensées qui n'ont pas réalisé leur plein potentiel mais qui, si elles étaient libres dans le contexte actuel, seraient nuisibles à l'humanité. Un exemple de ceci est la libération de l'énergie atomique, dont le plein usage a été contenu par peur de sa mauvaise utilisation. L'humanité a amené certaines formes-pensées à leurs extrêmes logiques, donnant lieu à une grande souffrance. Plusieurs guerres ont été justifiées en amenant des principes élevés à leur extrême.

Le filtrage du bon et du mauvais doit se dérouler à l'intérieur de certaines limites de la sagesse; autrement, nous aurons de prétendues révolutions, une chasse aux sorcières et aux boucs émissaires contre ce qui représente l'ancien. Certaines traditions du passé sont des formes-pensées pleinement réalisées qui doivent se poursuivre malgré tout, alors que d'autres sont d'origine suspecte et ne servent pas l'humanité. Il existe une immense zone grise de formes-pensées, principalement dans le domaine des hautes-technologies. Elles ont apparemment quelques bénéfices réalisables, mais peuvent aussi être utilisées au détriment de l'humanité. La Loi du Confinement limite les directions excessives, fanatiques, que pourraient prendre certaines formes-pensées.

14. La Loi d'Atténuation

L'atténuation est la clôture, la réduction ou la diminution de quelque chose. Les excès de l'humanité dans certaines directions peuvent être attribués en partie au combat des Forces des Ténèbres pour conserver leur position sur la Terre à n'importe quel prix. Plusieurs formes-pensées furent au départ des idéaux élevés qui ont été étendus à l'excès. Les technologies ont permis à l'humanité de s'étendre au-delà des limites du véhicule corporel, mais toutes ont été abusées et utilisées aux fins des Forces des Ténèbres. Cependant, la technologie demeure essentiellement bénéfique à l'humanité. Éliminer les formes-pensées innovatrices n'est pas la solution. Utiliser la sagesse pour amoindrir les excès et préserver l'essence de la forme-pensée est ce que vise cette Loi de pralaya. Elle ressemble beaucoup au genre de lois qui restreignent et contiennent les excès de l'ère actuelle et est liée à la Loi de Confinement. La pensée concrète dans la matière a été poussée à sa limite au cours de la période postérieure à la Seconde Guerre Mondiale, et la douce pluie de la sagesse bridera ce qui est utile et éliminera quelques excès.

15. La Loi de Consolidation

L'activité créatrice de la Quatrième Sous-Ronde s'est étendue sur des millénaires et l'actuelle Cinquième Race-Racine a généré tellement d'activité que les archives historiques et les archives sur les brevets débordent. Les Forces des Ténèbres ont dépensé beaucoup d'énergie pour supprimer plusieurs de ces formes-pensées révolutionnaires.

Ces formes-pensées doivent être réétudiées, digérées et non complètement oubliées — le bon et le bénéfique doit être extrait, évalué, ancré fermement et mis à l'épreuve. Une grande partie du Vingtième Siècle a été éphémère — une recherche sans fin de l'innovation — mais ce qui a été donné n'a pas encore été complètement digéré, et une multitude de formes-pensées n'a pas été complètement testée avant que l'humanité ne poursuive avec les suivantes.

La période de pralaya qui vient de commencer n'est pas une période de destruction aléatoire, mais une période de filtrage — chassant le mauvais et ce qui n'est pas désiré, et consolidant le bon et le pur. Elle est aussi une période de repos actif pour digérer les formes-pensées du Nouvel Âge d'Or.

CHAPITRE 7

Période de reconstruction II

Vers une existence éthérique

Alors que les porteurs de lumière se déplaceront vers les Régions Spirituelles, ils s'organiseront et reconstruiront une société alignée à un nouvel ordre cosmique. Ces Régions se tiendront comme des rayons d'espoir et d'aspiration pour la société humaine. Ceux qui ont débuté sur le Sentier de Probation au cours de vies antérieures se sentiront attirés vers elles, alors que ceux qui n'ont aucun intérêt pour les sujets spirituels malgré les catastrophes reconstruiront leurs vies aussi bien qu'ils le pourront, dans les zones élevées périphériques.

Les Régions Spirituelles sont des régions de vibrations élevées désignées par la Hiérarchie Spirituelle pour la survie de la civilisation humaine au cours du pralaya. Elles sont suffisamment vastes pour absorber la majorité des survivants et, par leur lumière, attireront constamment de nouveaux habitants à partir de la population générale en accord avec la Loi

Cosmique d'Attraction. Les Régions Spirituelles ne sont pas des régions exclusives, mais des arrêts sur la route de l'évolution. Sur chaque continent, elles serviront de nouvelle aspiration pour les survivants, d'endroits où ils iront vivre en paix, en harmonie, dans la fraternité et dans l'abondance.

Les exigences envers tous ceux qui entreront dans les Régions Spirituelles seront les mêmes que les exigences envers ceux qui foulent le Sentier de l'Initiation: le sentier de probation, le sentier du disciple et les quatre degrés d'initiation. La majorité des survivants qui se seront déplacés vers les régions élevées l'auront fait suite à leur instinct de survie. Une minorité sera déjà sur le sentier de probation, i.e. « du côté des forces de l'évolution, et travaillant à la formation de son caractère...»[41] et sera plus apte à chercher refuge dans les Régions Spirituelles.

Il se prend en main, cultive les qualités qui lui manquent et cherche avec diligence à avoir l'empire sur sa personnalité. Il construit son corps causal de propos délibéré, essayant de combler toutes les brèches et cherchant à en faire un temple et un corps digne du principe christique.[42]

Les caractéristiques des Régions Spirituelles

Les Régions Spirituelles sont essentiellement des portails dimensionnels vers le plan éthérique,

---

[41] Extrait de la version française de : Bailey, Alice A., *Initiation Human and Solar*, New York: Lucis Publishing Company, 1922, p. 65.
[42] Ibid.

où la Hiérarchie Spirituelle communiquera avec ses contreparties terrestres; porteurs de lumière, disciples et disciples en probation. Dans ces régions, les résidents chevaucheront le plan physique dense et le plan éthérique de la Terre, et construiront une société de transition caractérisée par la communication inter-dimensionnelle.

Pour que les résidents puissent tirer pleinement avantage de ces régions, ils devront récupérer plusieurs facultés associées au corps éthérique, telles que la télépathie, la clairvoyance et la vision éthérique. Avec le passage des années, les résidents de ces régions fonctionneront de plus en plus sur le plan éthérique, utilisant leurs corps éthériques comme véhicules d'expression physique.

Les porteurs de lumière qui auront nettoyé leur corps astral au cours de l'agitation initiale du pralaya seront les premiers à fonctionner avec un véhicule de forme éthérique. Ceci, parce que le corps éthérique aura un accès aisé au corps mental à travers un corps astral nettoyé, et vice versa. L'humanité se reposera plus sur sa capacité de penser que sur ses émotions. Le corps astral jouera toujours un rôle, en modelant la pensée de l'homme au sein des formes plus élevées de coloration astrale, par exemple vers des aspirations et des expressions supérieures des beaux-arts et de la musique, et vers le désir de servir plutôt que le désir d'autosatisfaction. Donc, on pourrait dire que la caractéristique principale de la société de transition dans les Régions Spirituelles sera le changement graduel de la forme d'expression, passant de la forme physique dense à la forme éthérique. Selon l'acuité spirituelle de chaque Région Spirituelle, cette phase de changement pourra durer des décennies ou des siècles.

La forme de la société de transition, ses structures et son *modus operandi*, devront être déterminés entièrement par ses habitants, travaillant de concert avec leurs contreparties éthériques de la Hiérarchie Spirituelle. Le libre arbitre sera prédominant alors qu'est donnée à l'humanité une opportunité incroyable de remodeler son existence entière sur la base de son expérience antérieure et de l'introduction de nouvelles formes-pensées innovatrices. Ceci est la perspective grandiose à laquelle seuls peuvent contribuer les survivants de la société actuelle; voilà pourquoi le rôle des porteurs de lumière est critique.

La société de transition est une expérience grandiose, et son issue n'est pas garantie. Le Moyen-Orient, jadis un portail spirituel majeur duquel de grandes civilisations ont émergé, a dégénéré dans le monde actuel en une région de conflits majeurs. Par conséquent, si l'humanité n'est pas vigilante, elle peut toujours altérer les formes-pensées créées par le Logos Planétaire, les Maîtres de Sagesse et leurs initiés, même sans la présence des Forces des Ténèbres, et mener les Régions Spirituelles vers un sombre destin. Cela est arrivé plusieurs fois auparavant.

Les choses sont cependant légèrement différentes cette fois, parce qu'il est anticipé que beaucoup d'initiés incarnés demeureront en contact étroit avec la Hiérarchie Spirituelle.

Un arrière-plan de changements géologiques

La création de la société de transition se déroulera sur plusieurs décennies, alors même que les changements géologiques secoueront de convulsions et nettoieront lentement les autres parties du globe. Alors que l'humanité entrera graduellement dans le Nouvel Âge d'Or, tant le corps astral de la Terre que le corps astral de l'homme seront graduellement éliminés, et la vie sur la Terre se déplacera vers le plan éthérique. Entre-temps, les Régions Spirituelles serviront de prototypes de ce que la Terre deviendra au cours des siècles à venir. Ainsi, le genre de société que l'humanité créera dans ces régions affectera la forme et le tissu du Nouvel Âge d'Or.

Le rôle de l'or dans les Régions Spirituelles

On anticipe que l'or jouera un rôle majeur dans les Régions Spirituelles, non seulement comme moyen d'échange, mais aussi pour sa valeur ésotérique dans la purification, l'équilibre et la vitalisation des énergies. Le Maître Sanctus Germanus fit, il y a plusieurs décennies, la déclaration suivante au sujet de l'or:

> « L'or était d'usage courant ... dans tous les Âges d'Or, parce que son rayonnement naturel est une énergie ou une force qui purifie, équilibre et vitalise. Il est placé à l'intérieur de la Terre par les « Seigneurs de la Création » — ces « Grands Êtres de Vie et d'Amour » qui créent et gouvernent les mondes, les

systèmes de mondes, ainsi que l'expansion de la lumière chez les êtres qui les habitent.

La connaissance extérieure ou intellectuelle de l'humanité ne contient qu'une faible — très faible — compréhension de la fonction réelle de l'or sur cette planète. L'or croît au sein de la Terre comme une plante, et par lui se déverse constamment un courant d'énergie qui purifie, vitalise et équilibre; ce rayonnement agit dans le sol sur lequel nous marchons aussi bien que sur la croissance dans la nature et sur l'atmosphère que nous respirons.

L'or est placé sur cette planète pour différents usages, ses fonctions de moyen d'échange et de métal d'ornement étant les moins importantes. Son rôle et son activité beaucoup plus fondamentale, à l'intérieur de la Terre et en surface, est de rayonner ses qualités propres; c'est-à-dire son énergie qui purifie, vitalise et équilibre la structure atomique du monde.

Le monde scientifique actuel n'a aucune idée de cette activité. Pourtant, l'or agit pour la Terre comme les radiateurs pour une maison. L'or est l'une des manières les plus importantes par lesquelles l'énergie de notre Soleil alimente l'intérieur de la Terre et en équilibre les activités. En tant que relais d'énergie, l'or agit comme un transformateur qui communique la force du Soleil à la substance physique de notre monde ainsi qu'à la vie qui évolue à sa surface. L'énergie contenue dans l'or est véritablement la force électronique rayonnante du Soleil agissant sur un octave inférieur. L'or est parfois nommé « rayon solaire précipité ».

Parce que le rythme vibratoire de l'énergie contenue dans l'or est extrêmement élevé, celui-ci ne peut agir que sur les expressions les plus subtiles et les plus raffinées de la vie, par absorption. Dans tous les « Âges d'Or », ce métal est abondamment et couramment utilisé par la population en général, et chaque fois que de telles conditions se produisent, le développement spirituel de ce peuple atteint un très haut niveau. Au cours de ces âges, l'or n'est *jamais* économisé et mis de côté, mais au contraire, il est largement distribué à la population qui, absorbant son énergie purificatrice, se trouve elle-même élevée à un plus grand degré de perfection. C'est là l'usage juste de l'or, et lorsque cette Loi est consciemment comprise et obéie, l'individu peut en recevoir autant qu'il le désire à travers son obéissance à cette Loi.

Parce qu'il existe des gisements d'or dans toutes les chaînes de montagnes, les gens peuvent retrouver dans les montagnes une vitalité et une santé qu'ils ne peuvent trouver nulle part ailleurs sur la surface de la Terre. Personne n'a jamais entendu parler d'effets négatifs chez ceux qui manipulent constamment l'or pur. À l'état pur, l'or est relativement mou et s'use facilement, et cette qualité est conforme à sa fonction dont je viens de parler.

Les individus les plus avancés produisaient beaucoup d'or par *précipitation*, directement de l'Universel. Les coupoles de nombreux édifices étaient recouvertes de feuilles d'or pur et les intérieurs étaient décorés de pierres précieuses, dessinant des formes curieuses mais pourtant merveilleuses. Ces joyaux étaient aussi précipités — directement de la Substance Éternelle Unique. »[43]

Nous anticipons que chaque Région Spirituelle sera abondamment pourvue en or, et a été désignée pour cette raison.

---

[43] Traduction du texte original : King, Godfre Ray, *The Unveiled Mysteries*, Schaumburg, Illinois: Saint Germain Press, Inc., 1982, pp. 44-46.

De l'énergie gratuite dans les Régions Spirituelles

Dans le même sens que l'importance ésotérique de l'or, les moyens d'exploiter une quantité illimitée d'énergie électromagnétique gratuite provenant des vibrations énergétiques naturelles qui nous entourent seront révélés et libérés dans ces Régions. La manière de puiser cette source d'énergie gratuite est connue depuis des éons, mais les Forces des Ténèbres ont supprimé cette connaissance dans le but de perpétuer le régime basé sur les combustibles fossiles relié à leurs entreprises de création d'argent.

Les promoteurs d'une énergie gratuite amèneront leur technologie dans les Régions Spirituelles où elle sera libérée pour le bénéfice de la société. Encore une fois, les dépositaires de cette technologie sont des porteurs de lumière.

Les vibrations positives et modératrices de la présence de l'or, jumelées à une source d'énergie illimitée dans les Régions Spirituelles, promettent de soulever un lourd fardeau des épaules de l'humanité, lui permettant de se concentrer davantage sur la voie spirituelle plutôt que sur la lutte quotidienne pour la survie.

Les porteurs de lumière dans les Régions Spirituelles

La Hiérarchie Spirituelle a toujours reconnu que l'évolution spirituelle d'un individu peut progresser plus rapidement que celle de l'humanité. C'est pour cette raison que le Logos Planétaire a élaboré le Sentier de l'Initiation il y a des millions d'années. Les rangs de la Hiérarchie Spirituelle de la Terre sont maintenant remplis par des êtres humains ordinaires qui ont choisi ce Sentier et sont passés par les austérités d'innombrables incarnations pour se qualifier.

Alors que les Forces des Ténèbres seront expulsées de la Terre, les portes du Sentier de Probation seront grandes ouvertes pour offrir à tous les survivants une opportunité égale de débuter l'aventure de l'ascension. En fait, nous estimons que la plupart des survivants auront déjà débuté cette aventure au cours de vies antérieures et auront été « assis sur la clôture » pendant cette incarnation.

Les porteurs de lumière de tous les degrés et leurs disciples qui se frayeront un chemin jusqu'aux Régions Spirituelles y rencontreront des vibrations plus élevées qui amèneront plusieurs de leurs capacités latentes à faire surface et amélioreront leur travail en tant que Magiciens Blancs. Ces facultés éthériques modèleront la société de transition qu'ils créeront.

La réduction des influences provenant du plan astral

Les vibrations supérieures des portails dimensionnels stimuleront nécessairement le corps éthérique et réactiveront par conséquent des facultés de l'homme depuis longtemps oubliées. Pour que le corps éthérique puisse jouer son rôle de contrôleur du corps physique dense, les blocages posés par le corps astral doivent être balayés. C'est là un des principaux buts du processus de filtrage actuel que l'on nomme Armageddon.

Au moment où la reconstruction débutera dans les Régions Spirituelles, les corps et le plan astral auront subi un nettoyage majeur des influences malveillantes liées aux Forces des Ténèbres. La lourdeur de l'atmosphère que nous ressentons aujourd'hui sera allégée alors que la matière astrale la plus grossière sera nettoyée ou éliminée. L'humanité pourra ensuite jouir plus clairement et avec moins de coloration astrale des idées ou des formes pensées plus élevées transmises du corps causal au corps mental et ensuite au corps éthérique. Néanmoins, même si le corps astral voit son influence diminuer, il continuera de colorer les formes-pensées de couleur astrale et de sentiments d'une nature nostalgique pendant plusieurs décennies, jusqu'à ce que l'humanité abandonne la mémoire des évènements ayant précédé le pralaya et choisisse consciemment de travailler avec les pensées émanant du plan mental. Ce processus d'éducation se déroulera dans les Régions Spirituelles.

Les pensées plus pures du plan mental sont constituées d'une matière éthérée raffinée que le plan astral ne peut pas imiter. Le corps éthérique est très réceptif à ces pensées parce qu'elles transmettent une satisfaction et une unité que la pensée astrale n'a jamais donnée à l'humanité. Il existe un danger que, une fois le plan astral aura été nettoyé du négatif, les formes-pensées bonnes, romantiques et sentimentales qui n'auront pas été balayées égareront l'humanité vers un état de facilité et obscurciront les formes-pensées plus élevées du plan mental. De cette manière, le plan astral demeurera une réalité tant inconsciente que consciente dans les esprits des hommes pendant des décennies, peut-être même des siècles.

Sa forme ne ressemblera pas à ce que nous rencontrons aujourd'hui — une couche épaisse, lourde et sale — mais davantage à une couche plus mince, mineure, au-dessus du plan éthérique. Ceux qui seront dans les Régions Spirituelles feront graduellement l'acquisition d'une capacité aiguë de distinguer entre les formes-pensées astrales et mentales, et l'acquisition de cette capacité dépendra bien entendu de la réceptivité de l'humanité à la nouvelle éducation provenant de la Hiérarchie Spirituelle. Nous anticipons qu'il n'y aura aucun raccourci au nettoyage du plan et du corps astral, et que ce processus se poursuivra pendant plusieurs décennies, peut-être même pendant des siècles, jusqu'à ce que ceux-ci n'existent plus. L'élimination du plan astral sera une caractéristique principale du Nouvel Âge d'Or.

L'importance croissante du corps éthérique

Plusieurs occultistes précurseurs ont traité le corps éthérique comme « le double éthérique », ou une forme physique, plus légère, qui forme des champs énergétiques autour du corps physique et des objets, et qui est responsable d'attirer l'énergie du soleil dans le corps physique. Les Chinois le nomment *qi* (ou *chi*), les hindous, *prana*, et la science moderne, *bioplasma*. Aujourd'hui, les scientifiques reconnaissent son existence tout comme ceux qui possèdent la vision éthérique ou la clairvoyance. Le double éthérique était plutôt considéré comme un appendice du corps physique que comme un corps en lui-même, possédant sa propre intelligence, tels les corps astral et mental. Cependant, les enseignements du Maître Djwal Khul à travers Alice A. Bailey renversèrent cette perception en établissant que *le corps éthérique est en réalité le vrai véhicule de forme, le corps physique étant simplement son automate.* En d'autres termes, le corps éthérique exerce un contrôle sur, interpénètre, est sous-jacent à et occupe l'entièreté de l'organisme physique. Il s'étend aussi au-delà de la forme physique et l'entoure comme une aura.[44] Ceux qui ont la faculté de clairvoyance peuvent observer le corps éthérique aussi clairement qu'il est possible de voir le corps physique. D'autres, ayant développé la faculté de clairsentience, peuvent réellement le sentir avec leurs mains.

Alors que nous nous embarquerons dans la création de la société de transition, le corps éthérique émergera comme la principale forme d'expression et les facultés associées à ce corps joueront un rôle dans le modelage d'une société entièrement différente fondée sur les bonnes choses issues du passé et l'intuition provenant des facultés améliorées de l'humanité.

---

[44] Le niveau de l'évolution de chacun détermine de combien le corps éthérique s'étend au-delà du corps physique, de quelques à plusieurs pouces.

Les cinq facultés éthériques dans les Régions Spirituelles

Les porteurs de lumière avancés qui s'établiront dans les Régions Spirituelles auront déjà développé leurs facultés éthériques à un haut degré, ceci faisant partie de leur éveil. Dans l'environnement vibratoire plus élevé des Régions Spirituelles, ces facultés s'épanouiront. D'autres personnes sur le Sentier de l'Initiation, qui se déplaceront vers les Régions Spirituelles, découvriront que leur développement spirituel progresse à un rythme beaucoup plus rapide.

Les cinq facultés éthériques — la vision éthérique, la communication télépathique, la continuité de conscience, la pensée multidimensionnelle et la précipitation — sont actuellement plus étendues qu'on l'imagine. On n'a qu'à considérer le nombre de psychiques, de médiums, d'intuitifs, de sensitifs et de ceux qui répondent à un « sixième sens » aiguisé. Ce sont les porteurs de lumière. On doit aussi noter que ces facultés sont très développés au sein de la nouvelle race qui arrive, la Sixième Race-Racine.

La vision éthérique

La vision éthérique est définie comme la capacité de l'oeil physique de voir la vie sur le plan éthérique. Le plan matériel dense sur lequel nous fondons la plupart de nos perceptions n'est rien de plus qu'une illusion. La réalité, ou la vraie manifestation matérielle de la vie, existe sur le plan éthérique ou double éthérique de la Terre. Le Maître Djwal Khul affirme ce qui suit:

La vision éthérique, ou faculté de voir la substance-énergie, est la vraie vision de l'être humain, de même que la forme éthérique est la vraie forme. Mais tant que la race n'est pas plus évoluée, l'oeil perçoit uniquement la vibration la plus lourde et y répond. Petit à petit il se libérera des réactions les plus basses et deviendra un organe de vraie vision.[45]

Plusieurs personnes possèdent actuellement la capacité de voir éthériquement. Un nombre croissant de psychiques et de médiums, tout comme les pratiquants de différentes modalités de guérison énergétique, peuvent voir ou ressentir le *prana* ou les champs énergétiques qui constituent le corps éthérique. Quelques-uns peuvent voir les matrices énergétiques complexes et l'interaction dynamique de ces matrices énergétiques entourant les objets vivants tels que les arbres et les plantes. La vision éthérique est, par conséquent, la forme la plus élevée de vision physique, et constituera une nouvelle dimension majeure que les gens exploreront dans la société de transition.

Alors que le plan astral disparaîtra graduellement, la réalité éthérique qui a été cachée par l'illusion du plan physique se dévoilera davantage à la lumière. À travers le sens de la vision éthérique, les individus du Nouvel Âge d'Or percevront les choses et les objets comme des formes d'énergie plutôt que comme les objets solides que nous voyons

---

[45] Extrait de la version française de : Bailey, Alice A., *A Treatise on Cosmic Fire*, New York: Lucis Publishing Company, 1925, pp. 1096-1097.

aujourd'hui. Une maison sera vue comme un complexe d'énergies pouvant être modelé selon n'importe quelle forme conçue par la pensée. Les gens apprendront à harnacher et à travailler avec la matière éthérique de la même manière qu'ils ont appris à travailler avec la brique et le mortier.

La communication télépathique

Ceux qui posséderont la vision éthérique développeront naturellement la capacité de transmettre et de recevoir de l'information par les voies de circulation éthériques, qui servent de lignes de transmission pour la communication télépathique. Même aujourd'hui, cette capacité est largement répandue alors que de plus en plus de gens réalisent le pouvoir de l'esprit de communiquer avec d'autres esprits. Plusieurs personnes vivant étroitement ensemble communiquent télépathiquement. Plusieurs personnes trouvent de plus en plus normal que, si elles pensent simplement à un ami, cet ami les contactera ensuite, apparemment sans raison. D'autres, agissant à la suite d'impressions ou d'intuitions, reçoivent en fait des messages télépathiques de leurs guides ou captent une information générale provenant de la conscience collective. Ces semences de télépathie s'épanouiront pleinement et augmenteront en précision alors que la vie dans les Régions Spirituelles se développera.

La télépathie peut être définie comme un transfert de pensée entre deux individus ou entre une personne et un être désincarné intelligent dans une dimension différente. Une pensée est envoyée à un récepteur, et le récepteur l'accepte en formant les atomes nécessaires pour transformer la pensée en un langage que l'esprit conscient peut comprendre. La télépathie est un moyen de communication naturel au sein du royaume éthérique et deviendra plus prononcée sur le plan terrestre alors que nous nous approcherons de 2012.

Au cours de la phase initiale de la vie dans les Régions Spirituelles, les communications se reposeront sur les restes des systèmes sans-fils actuels ou même sur des systèmes à ondes courtes. Le recours à ces systèmes fera éventuellement place à une utilisation plus perfectionnée de la télépathie. Cette transition ressemblera beaucoup au passage de la télécopie vers le courrier électronique, alors que la plus grande fiabilité de ce dernier moyen de communication était graduellement démontrée et prouvée. Le temps viendra dans un futur proche où la précision télépathique atteindra un niveau où les gens, par exemple, seront en mesure de fixer mentalement la date et le lieu d'un rendez-vous, et toutes les parties y seront, non par coïncidence, mais par arrangement télépathique préalable. Plus tard, la télépathie constituera une composante majeure dans le transfert des formes-pensées entre les plans éthérique et physique. Elle servira aussi à relier entre elles les Régions Spirituelles disséminées sur la surface de la planète pendant la période des changements de la surface de la Terre.

La continuité de conscience

La continuité de conscience est définie comme la conscience constante et séquentielle tant du monde intérieur et que du monde extérieur. C'est le pouvoir d'être pleinement conscient de tout ce qui se produit dans toutes les sphères et tous les départements d'un être humain, au cours des vingt-quatre heures complètes d'une journée.[46] Lorsque cette capacité se développera, le cerveau sera capable d'enregistrer simultanément les réactions des corps éthérique, astral et mental à un moment donné. Et si chacun de ces corps intérieurs est engagé dans des tâches multiples, le cerveau sera un jour capable d'en enregistrer toutes les activités.

Le développement de cette capacité dépendra de l'étendue du nettoyage du plan astral, car ce qui bloque présentement sa manifestation est la lourdeur et la saleté de ses sous-plans les plus bas.

La pensée multidimensionnelle

La continuité de conscience mène à la pensée multidimensionnelle. Les vibrations plus élevées mettront éventuellement au défi le concept de temps. Qu'est-ce que le temps a fait pour l'humanité, sinon présenter toutes les pensées dans ordre linéaire? Lorsque le concept de temps sera échangé pour celui de blocs d'évènements cycliques en accord avec la Loi de Synchronicité, la pensée linéaire fera place à la pensée multidimensionnelle. Compléter les tâches qui

---

[46] Ibid., p. 423.

contribuent à l'avancement de l'âme est ce qui est nécessaire. Ceux des Régions Spirituelles se dispenseront éventuellement de la pensée linéaire pour passer à une approche multidimensionnelle difficile à décrire à l'aide de mots.

Par exemple, imaginez une ruche remplie d'abeilles, toutes à leur juste place, affairées à compléter ce qui doit être fait, plutôt que des idées alignées les unes derrière les autres, le long d'un chemin ou d'une route, attendant d'être exprimées logiquement lorsque le temps le permettra. Toutes les formes-pensées dans la ruche sont toutes exprimées et COMPRISES consciemment et simultanément, et par conséquent une vie multidimensionnelle se déroule. Ou pensez à un arbre, à toutes ses branches, à des milliers de feuilles qui s'expriment — feuille par feuille — toutes en même temps. Chaque feuille est une partie de l'arbre, mais l'ensemble des expressions multiples de l'arbre à un moment donné est « l'entièreté de la vie en lui ». L'humanité recherche la pensée multidimensionnelle depuis des millénaires, les ordinateurs ultra-puissants étant les prédécesseurs de ce phénomène.

Les mots ne peuvent exprimer cette manière de penser, mais notre illustration fait appel à une image que vous pouvez comprendre aujourd'hui.

La capacité de précipitation

Lorsque le royaume humain récupèrera ses facultés éthériques, il sera de nouveau en mesure d'interagir avec les royaumes élémental et angélique, comme il le fit en Lémurie et en Atlantide. Lorsque le voile de désordre astral disparaîtra du plan astral, les êtres angéliques, les fées, les dévas et les *menehunes* deviendront davantage visibles. Nous partagerons consciemment notre vie avec ces deux royaumes. Ils ont toujours été présents, travaillant en silence et sans la reconnaissance qui leur est due pour leurs bonnes oeuvres, alors que le mental concret de l'homme devenait de plus en plus aveugle à leur endroit. Inutile de dire qu'avec ces trois royaumes — humain, angélique et élémental — travaillant ensemble, l'étendue, la profondeur et l'intelligence des Régions Spirituelles augmentera exponentiellement, et la société de transition subira une révolution qui l'amènera sur le pas de la porte du Nouvel Âge d'Or.

La précipitation et le rôle des élémentaux

La précipitation consiste simplement à penser à quelque chose et à le produire matériellement. Dans le monde physique dense, nous devons avoir recours à nos outils de construction pour travailler la brique et le mortier et en faire une maison. Dans le monde éthérique, nous utiliseront nos pensées pour recruter des élémentaux qui construiront les choses pour nous selon nos plans. Henry Steel Olcott, le co-fondateur de la Société Théosophique, raconta dans *Old Diary Leaves* son souvenir de la nuit où, travaillant à *Isis Dévoilée* avec Helena Blavatsky, il affirma simplement combien il serait agréable de manger des raisins frais. C'était l'hiver et il venait tout juste de neiger. Tous les magasins de New York étaient déjà fermés. Madame Blavatsky, avec un sourire rusé, lui dit de jeter un coup d'oeil à la bibliothèque derrière lui. Sur une des tablettes se trouvaient « deux grosses grappes de raisins noirs de Hambourg mûrs », qu'elle avait demandé aux élémentaux de produire![47]

Par nécessité, les Régions Spirituelles devront être auto-suffisantes quant à la satisfaction de leurs besoins de base. Nous anticipons que les Adeptes des Régions Spirituelles travailleront avec le royaume élémental afin de précipiter la plupart des biens nécessaires à la région pendant ses débuts. Alors que le voile de *maya* se dissipera et que l'humanité récupèrera ses facultés de perception éthériques, nous serons capables d'interagir avec le royaume des élémentaux et leur demanderons de précipiter nos idées. De cette manière, les concepts d'économie et de finance tels que nous les connaissons actuellement disparaîtront. L'offre sera, alors, toujours égale à la demande.

Le royaume élémental travaille vers le haut, de la plus menue intelligence jusqu'aux bâtisseurs de la forme au niveau cosmique. Les petites intelligences créent de petites formes, comme les pétales d'une fleur, un brin d'herbe, une goutte de rosée ou un flocon de neige. Des équipes de ces petites intelligences créent les corps humains. Les constructeurs plus avancés peuvent former

---

[47] Traduction du texte original: Olcott, Henry Steel, *Old Diary Leaves Vol. 1*, Adyar, Inde: The Theosophical Publishing House, 1900, pp. 16-17.

des temples. D'autres, comme les dévas de la nature, créent des montagnes et des villes, jusqu'à ce qu'elles grandissent pour devenir finalement les Veilleurs Silencieux d'une planète, d'un système solaire ou d'une galaxie.

Quelle sera la relation entre les élémentaux et l'humanité? Quelle était cette relation, avant que la Terre ne soit prise dans les griffes de *maya*? L'être humain possède un corps mental qui, un jour, à travers le pouvoir magnétique de la présence intérieure *I AM*, attirera les élémentaux constructeurs de formes autour d'une idée. Les élémentaux sont principalement des êtres mentaux et, parce que l'humanité possède aussi la capacité de travailler sur le plan mental, les deux se rencontreront sur ce plan pour créer des formes.

De plus, l'homme possède la faculté de sensation et des émotions qui peuvent ajouter l'élément du coeur au mélange avant qu'il ne prenne forme. C'est là où trouve sa place l'interaction renouvelée entre l'homme et le royaume angélique. Les anges placent la lumière et la signification dans la forme. En contribuant l'élément humain du coeur avec la beauté, l'équilibre et la couleur de la lumière angélique, l'humanité sera en mesure de précipiter ce dont elle aura besoin, avec une touche supplémentaire qui donne vie et beauté à la précipitation.

L'humanité apprendra à utiliser ses facultés éthériques étendues pour coopérer avec les royaumes élémental et angélique, dans le but de contrôler l'énergie par la pensée et de maintenir un modèle et un dessein constructif jusqu'à ce qu'il soit précipité. Nous jouirons alors de la perfection des temples de la nature — une pomme, une poire, une pêche, une grappe de raisins, alors que nous les concevrons. L'étendue de la création devient alors infinie, alors que chaque individu crée lorsque le besoin l'impose.

La race qui vient: des facultés éthériques naturelles

Les cinq facultés éthériques font partie intégrante de la nouvelle race, la Sixième Race-Racine. La plupart des porteurs de lumière les plus âgés se sont incarnés dans des corps de la septième ou dernière sous-race de la Cinquième Race-Racine et doivent récupérer ces facultés en élevant leurs vibrations. Mais les porteurs de lumière plus jeunes qui se sont incarnés dans des corps de la Sixième Race-Racine trouveront plus facile de réveiller ces facultés.

Les incarnations postérieures à la Seconde Guerre Mondiale

La génération des porteurs de lumière nés après la Seconde Guerre Mondiale, qui a contribué par ses accomplissements et son développement intellectuel, constituera le groupe des porteurs de lumière aînés. La plupart de ces porteurs de lumière ont choisi des corps de la dernière sous-race de la Cinquième Race-Racine. Ces véhicules représentent la transition de la Cinquième à la Sixième Race-Racine en ce qu'ils conservent un penchant pour la pensée concrète, mais peuvent néanmoins développer les facultés éthériques à travers le temps. C'est habituellement au cours de leur éveil et de la récupération des niveaux d'initiation antérieurs que leurs capacités éthériques deviennent évidentes.

Ces incarnations de la Cinquième Race-Racine représentent les « vrais de vrais » porteurs de lumière, ceux qui prirent part à la planification originale du pralaya il y a de cela des siècles et qui se sont incarnés encore et encore au cours des huit à dix dernières générations pour mettre en place les premières mesures du plan. Leurs incarnations les plus récentes furent celles de membres de la Société Théosophique, de moines bouddhistes, de yogis, de soufis et/ou de réformateurs d'autres religions traditionnelles. Dans cette incarnation, ils ont mis le manteau du technocrate, faisant l'apprentissage de certains domaines d'expertise de la civilisation actuelle, expertise qu'ils transporteront dans et amélioreront au cours de l'ère postérieure aux catastrophes.

Ces leaders de premier tiers tendent à être des métaphysiciens aussi bien que des experts dans leurs professions. Plusieurs sont attirés par les enseignements occultes anciens et peuvent à un certain moment de leur vie se joindre à une des religions traditionnelles. De par leur connaissance du monde et leur expérience des pratiques religieuses traditionnelles, ils constituent la « banque de mémoire de la civilisation » et joueront un rôle inappréciable dans les Régions Spirituelles en révisant et en filtrant ce qui n'a pas servi l'humanité et ce qui a encore du potentiel.

Les incarnations de la nouvelle race postérieures aux années 1960

La vague d'incarnations de la nouvelle race postérieures aux années 1960 est constituée 1) d'âmes sur le Sentier de l'Initiation ou 2) d'âmes provenant d'autres évolutions avancées. Toutes ces incarnations de la Sixième Race-Racine possèdent naturellement des capacités éthériques telles que la clairvoyance, la clairaudience et la clairsentience dès la naissance. De plus, les âmes provenant des évolutions avancées apportent des technologies qui ne sont pas encore connues de cette civilisation et qui seront libérées si elles choisissent de s'établir dans les Régions Spirituelles. Cette connaissance devrait aider la société de transition à contrer toute possibilité que les problèmes les plus débilitants du monde actuel, comme la pauvreté, la famine et la maladie, pourraient se perpétuer.

L'incarnation avec ces capacités, cependant, ne garantit pas que les nouveaux porteurs de lumière sont sur le Sentier de l'Initiation. La clairvoyance naturelle ne crée pas un porteur de lumière. Donc, comme les porteurs de lumière plus âgés, ils devront passer par le même processus d'éveil, de probation et d'acceptation. Il n'y a pas de raccourci. Les Maîtres de Sagesse doivent déterminer leur engagement envers leur mission et au service envers l'humanité avant de pouvoir les utiliser dans tout poste comportant des responsabilités. On doit leur enseigner et leur donner le choix de servir pour le bénéfice de l'humanité. Tous ceux qui font partie du groupe postérieur à 1960 ne choisiront pas cette voie, car ils ont été exposés et sont sujets aux choix de la dualité, comme toute l'humanité. Ceux qui serviront consciemment la Hiérarchie Spirituelle amélioreront immensément l'équipe des Régions Spirituelles.

Ces incarnations sont populairement connues en tant qu'enfants Indigo et Cristal. S'incarnant au cours des années 1960 et 1970, ils ont été la cible des Forces des Ténèbres et ont souffert le plus. Quelques-uns ont choisi des parents qui ont pris soin d'eux et les ont préparés au service, d'autres ont vécu des vies moins fortunées. La plupart ont lutté au sein du système d'éducation actuel, qui les a considérés comme des mésadaptés et a eu recours aux médicaments pour imposer la conformité de leur comportement. Quelques-uns ont choisi la route de l'abus de substances et plusieurs ont eu recours au suicide à cause de leur incapacité à trouver leur place. Trop ont été laissés errer sans but, à la recherche de signification.

Malgré ces dures épreuves, ceux qui ont réussi à surmonter ces défis constitueront le second tiers des porteurs de lumière et contribueront à la formation de la société de transition. Ils seront les parents des enfants de la Sixième Race-Racine.

Il leur appartiendra, ainsi qu'à leurs aînés, d'enseigner aux enfants de la nouvelle race comment utiliser leurs talents pour le bien de l'humanité et dans le service envers la Hiérarchie Spirituelle. Si cela n'est pas fait, l'utilisation de ces talents se fera en violation des Lois Cosmiques de Confinement et d'Atténuation. Sans restreinte spirituelle, la libération de ces talents pourrait saboter la marche vers le Nouvel Âge d'Or.

La jonction des trois Royaumes de l'évolution

Alors que la pensée de la Cinquième Race-Racine devenait de plus en plus concrète et intellectuelle, elle relégua aux oubliettes la capacité de l'humanité de communiquer avec le royaume élémental et le royaume angélique. Ceci nous priva de la richesse et de l'éclat de la vie avec ces royaumes. Le but du Maître Sanctus Germanus dans le Nouvel Âge d'Or est d'établir la fraternité des élémentaux, des anges et des hommes. Dans les Régions Spirituelles, les trois royaumes — angélique, humain et élémental — devront faire acte d'adoration ensemble, servir ensemble et avancer ensemble sur le Sentier.

Ces royaumes représentent trois voies d'évolution parallèles sous l'autorité du Logos Planétaire, Sanat Kumara. Le royaume angélique est plus avancé que le royaume humain, alors que le royaume humain a davantage d'étendue que les intelligences élémentales. Les élémentaux sont des intelligences orientées vers des tâches spécifiques qui donnent forme aux pensées. Comme nous l'avons vu plus haut, ils incluent les dévas, les nano-intelligences, les elfes, les *menehunes* et d'autres consciences qui nous aideront à construire la société de transition.

Comme le royaume élémental, le royaume angélique a continué de servir l'humanité d'une manière quasiment inconnue, déshonoré par le mental concret et relégué à la courte saison de Noël, où on lui accorde une reconnaissance. Dans les Régions Spirituelles, les anges, les séraphins et les chérubins marcheront avec l'homme. Ils existent seulement pour émaner la nature de Dieu, la vertu de Dieu. « Ils ne travaillent pas, ils brillent! » Et avec leur lumière, ils enseignent et ramènent l'homme vers le *I AM* intérieur. Les anges perçoivent l'homme seulement comme lumière et ombre, et non comme forme.

La conscience de l'élémental est de sacrifier la liberté, le bonheur et la joie pour entrer dans la pensée développée par l'homme, donnant forme à cette idée par sa vie. La conscience de l'ange est de faire passer l'éclat divin à travers la forme, lui donnant vie et la bénissant. Alors que les sensations et les émotions astrales se dissiperont avec le plan astral, l'humanité ne réagira plus aux amples oscillations du spectre des émotions, mais rayonnera l'éclat des anges et des sentiments purs et stables.

Les émanations angéliques, leurs énergies de guérison et la lumière de leurs conseils, sur des sujets variant du plus simple au plus complexe et concernant la vie dans les Régions Spirituelles, auront un effet apaisant et stabilisant sur la société. Comment une interaction dans la présence du royaume angélique pourrait-elle mal tourner? Le plus on permettra au royaume angélique de jouer un rôle dans la société de transition, plus grande sera la probabilité que l'humanité atteindra cet éon de paix dans le Nouvel Âge d'Or.

Toucher l'éthérique

La réactivation des cinq facultés éthériques de l'humanité, l'arrivée de la nouvelle race avec ses talents et ses capacités améliorées, et la coexistence consciente avec les royaumes élémental et angélique appuient toutes une existence davantage éthérique. En fait, on peut caractériser les Régions Spirituelles par leur « entre-té » dimensionnelle. La structure Hiérarchique Spirituelle s'étendra vers le bas, vers le plan éthérique, alors que le plan physique s'étirera vers celui-ci. Des porteurs de lumière et des adeptes de la Hiérarchie Spirituelle, tant incarnés que désincarnés, chevaucheront ces plans et mèneront les populations des Régions Spirituelles vers la réalisation du Plan Divin établi pour chaque région.

Même si une grande partie de la vie dans la Région Spirituelle se déroulera sur le niveau physique dense au cours des premières années, les porteurs de lumière impliqués dans la planification et la prise de décision chevaucheront les deux dimensions. Si tout se déroule selon le Plan, la société de transition perdra graduellement sa nature physique dense et opérera un jour entièrement au niveau éthérique. Alors que chaque nouvelle génération prendra le relais, le travail sur le plan éthérique deviendra de plus en plus naturel, jusqu'à ce que la société de transition entière soit capable d'opérer principalement sur le plan éthérique.

Avec le passage du temps, la société de transition disparaîtra graduellement et l'entière civilisation du Nouvel Âge d'Or existera dans l'éthérique. Tout a été méticuleusement planifié pour cette occasion au cours des siècles, et la participation intense de la Hiérarchie Spirituelle, principalement dans l'éthérique, réduira grandement le chaos pendant cette période.

La Terre elle-même devient davantage éthérique

Pendant que cette évolution aura lieu dans les Régions Spirituelles, la Terre continuera de subir des convulsions physiques majeures et un plus ample nettoyage de son plan astral. La Terre physique elle-même semblera rétrécir, alors que son corps éthérique prendra davantage d'importance. Au cours des siècles, la Terre physique semblera par conséquent tourner plus rapidement, créant des vibrations encore plus élevées et la sensation du temps qui accélère. Au niveau microcosmique, le même phénomène sera observé alors que nos corps physiques deviendront moins évidents et que nos facultés éthériques prendront de plus en plus d'importance.

Alors que la Terre fera son ascension, les vibrations de son plan éthérique augmenteront, ce qui affectera nécessairement les corps éthériques de l'humanité. Parce que ces énergies toujours plus élevées pénètreront le corps physique dense par le corps éthérique, le corps physique devrait devenir plus léger et rétrécir, tout comme le corps physique de la Terre rétrécira. Par conséquent, il bénéficiera plus facilement de l'afflux du *prana* provenant du Soleil. Comparativement à la civilisation actuelle, ce Nouvel Âge d'Or, basé davantage sur les qualités éthériques du corps, sera révolutionnaire.

L'interaction avec la Hiérarchie Spirituelle

L'acuité des facultés éthériques dans les Régions Spirituelles améliorera grandement la capacité des populations de communiquer avec la Hiérarchie Spirituelle. Elle parera également à la nécessité pour les Maîtres de Sagesse de dépenser une grande quantité d'énergie pour se manifester sous une forme physique dense. Les Maîtres peuvent revêtir des corps de matière éthérique pour travailler au centre de la Hiérarchie, Shamballa, sur le plan éthérique.

Les projets entrepris dans les Régions Spirituelles au cours de la Période de Reconstruction nécessiteront une interface étroite avec la Hiérarchie Spirituelle, améliorée par le fait que la majorité des habitants posséderont les cinq facultés. Nous discuterons plus en profondeur de l'interaction étroite entre les adeptes, les porteurs de lumière et la Hiérarchie Spirituelle dans le chapitre 8.

Le « retour » de Shamballa au Pôle Nord

Lorsqu'il deviendra clair que la société de transition progresse vers une existence plus éthérique, les porteurs de lumière recevront le signal de débuter la construction de la treizième Région Spirituelle, la capitale du Nouvel Âge d'Or. Cette capitale sera située sous Shamballa, et les porteurs de lumière de toutes les Régions Spirituelles décideront de sa localisation exacte.

La doctrine occulte a spéculé que le siège mystique de la Hiérarchie, Shamballa, est situé soit au-dessus de la chaîne des montagnes des Himalayas, soit légèrement au nord de celle-ci, au-dessus de l'Asie Centrale. Dans le cycle actuel, il est estimé que, au moment du désalignement maximal entre les deux axes, Shamballa était aussi éloignée que les sommets du nord des Himalayas, au lieu d'être au-dessus du Pôle Nord. Puisque la Terre a déjà commencé le réalignement avec son double éthérique, la localisation de Shamballa au cours des siècles semble ainsi se déplacer.

Lorsque les pôles physiques de la Terre seront finalement alignés à ses pôles éthériques, Shamballa devrait se situer au-dessus de ce qui est actuellement le Pôle Nord. À ce moment, une nouvelle ère d'une grande illumination ouvrira un Nouvel Âge d'Or de contact entre Shamballa et le plan terrestre, et particulièrement les Régions Spirituelles.

CHAPITRE 8

Période de reconstruction III

Le fonctionnement de la société de transition

La structure de base de la société de transition sera composée 1) d'une hiérarchie gouvernante minimale 2) d'un vaste secteur d'activités libres où les résidents auront l'entière liberté de vivre comme il leur plaira. Toute la société sera soumise à la Loi Cosmique.

Une telle société servira de modèle pour le Nouvel Âge d'Or qui vient. Cependant, nous pouvons seulement indiquer la structure de base au sein de laquelle elle opèrera. La manière dont elle évoluera ultimement sera laissée à la créativité infinie des habitants des Régions Spirituelles. Dans le chapitre précédent, nous avons indiqué que l'humanité récupèrera des capacités éthériques qui affecteront profondément les fonctions de la société de transition. Nous ne pouvons donc que projeter une vision temporaire, car son futur et sa forme reposent entièrement entre les mains des résidents. La Hiérarchie Spirituelle ne peut que guider, car le principe du libre arbitre sera toujours à l'œuvre au cours du Nouvel Âge d'Or.

La structure gouvernante: le principe de la Hiérarchie en action

Ceux qui se déplaceront vers les Régions Spirituelles feront l'expérience d'une interaction active avec la Hiérarchie Spirituelle, car Ses adeptes y ont été placés en tant qu'extension de Sa structure sur le plan terrestre. Nous avons indiqué précédemment que d'anciennes sociétés secrètes liées à la Fraternité de Lumière ou Hiérarchie Spirituelle ont déjà été activées, et que des adeptes de ces sociétés se déplacent présentement vers les Régions Spirituelles en préparation du déplacement des populations. Ces adeptes, ayant l'apparence de citoyens ordinaires de région, travailleront silencieusement et sans fanfare avec les porteurs de lumière et leur suite pour préparer les Régions Spirituelles à recevoir et à établir ceux qui monteront à partir des basses terres.

La structure gouvernante des Régions Spirituelles reflètera celle de la Hiérarchie, qui est essentiellement une structure hiérarchique consultative centralisée. Bien que cette structure implique un gouvernement du haut vers le bas, ses mouvements et ses activités principales font la promotion de la mobilité vers le haut, i.e. du développement spirituel.

Même les groupes seront classés dans l'ordre hiérarchique et leur organisation interne sera conforme aux mêmes principes hiérarchiques qui englobent l'Ordre de l'Univers.

Dans une telle Hiérarchie, il y a toujours quelqu'un sur un échelon plus élevé, qui protège et surveille le bien-être de ceux qui se trouvent sur les échelons plus bas. Ainsi, à n'importe quel niveau de la hiérarchie, le hiérarque prend soin avec bienveillance et éduque ceux qui se trouvent plus bas — jamais oppressant, quelquefois strict, appliquant cependant le principe d'amour par des conseils attentionnés — tout ceci faisant la promotion de l'évolution d'un échelon plus bas vers les échelons supérieurs. Tout le monde est un hiérarque, et tout le monde se trouve sous un hiérarque.

Le mouvement ascendant fait la promotion de la Libération de l'Âme, la principale raison d'être de la Hiérarchie sur notre planète. Ce même principe s'appliquera à toute activité de groupe, grande ou petite. Toutes les organisations et la hiérarchie de leurs dirigeants, peu importe leur activité, devraient promouvoir de quelque manière la Libération de l'Âme, et cette libération implique le mouvement vers le haut dans l'échelle hiérarchique.

Une des grandes peurs qui habitent encore le porteur de lumière d'aujourd'hui est le caractère oppressif qu'une hiérarchie a pu prendre ou a prise pendant l'ère actuelle. La hiérarchie, telle qu'elle est interprétée sur le plan terrestre, a résulté en certains des régimes dictatoriaux ou monarchiques les plus oppressifs jamais inventés par l'humanité. L'histoire moderne conserve le souvenir des régimes hiérarchiques dictatoriaux de pays comme l'Union Soviétique et la Chine, sans mentionner les dictatures pathétiques et sans pitié en Amérique du Sud, en Afrique et en Asie. À travers le monde, même des structures élues démocratiquement ont été corrompues au point où, maintenant, elles outrepassent la voix de leur peuple pour conduire des guerres et opprimer. Les structures organisationnelles alternatives horizontales ou aplaties, que l'homme a expérimentées pour surmonter la nature oppressive des monarchies ou des dictatures, sont progressivement disparues à cause de leur insuccès.

Ainsi, les gens dont l'esprit est orienté vers la démocratie ont peur du retour d'une hiérarchie théocratique dictatoriale, leur peur se fondant sur les expériences misérables de l'histoire de l'humanité. Ici, nous devons porter notre attention aux Lois Cosmiques esquissées plus haut. Les Lois d'Abandon et de Mouvement Inverse s'appliquent à cette situation. Il est nécessaire de rompre avec les expériences disfonctionnelles du passé, pour permettre à la pleine expression d'une structure divine, éprouvée par le temps, de prendre racine.

La hiérarchie gouvernante des Régions Spirituelles

Fondée sur le principe que la structure gouvernante la plus légère est la meilleure pour une société dont le but est de favoriser la

Libération de l'Âme, la structure gouvernementale suivante s'appliquerait aux Régions Spirituelles, sous réserve de l'approbation populaire :

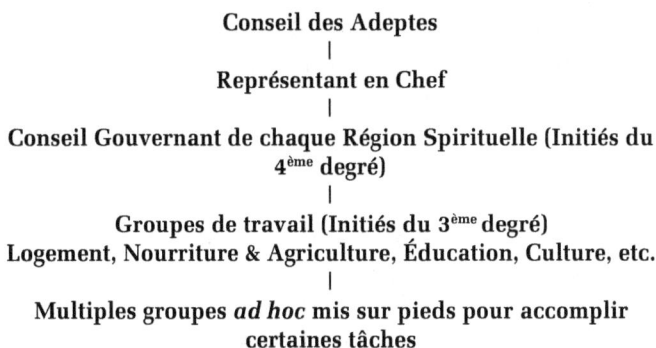

Conseil des Adeptes

|

Représentant en Chef

|

Conseil Gouvernant de chaque Région Spirituelle (Initiés du 4ème degré)

|

Groupes de travail (Initiés du 3ème degré)
Logement, Nourriture & Agriculture, Éducation, Culture, etc.

|

Multiples groupes *ad hoc* mis sur pieds pour accomplir certaines tâches

Le Conseil des Adeptes

Le Conseil des Adeptes sera constitué d'adeptes spirituels travaillant actuellement sur le plan terrestre. Ces adeptes seront identifiés par le Maître Sanctus Germanus et représenteront la Hiérarchie Spirituelle sur la Terre. Le Conseil des Adeptes oeuvrera comme un conseil d'anciens, offrant des conseils et des intuitions approfondies aux Régions Spirituelles sur tous les sujets.

Le Conseil des Adeptes guidera les débuts de l'établissement de toutes les Régions Spirituelles. Une fois que la hiérarchie de chaque Région Spirituelle sera établie, le Conseil s'intéressera principalement aux relations entre les Régions Spirituelles, lesquelles pourront inclure tous les sujets, du commerce aux échanges culturels. Le Conseil des Adeptes nommera aussi le

Représentant en Chef de chaque Région. Cette personne sera en mesure de consulter le Conseil au sujet de toute décision devant être prise.

Le Conseil fonctionnera éventuellement à partir de la capitale du Nouvel Âge d'Or, qui sera construite dans le nord du Canada ou au Groënland, en fonction des évènements qui auront lieu d'ici là. La capitale sera située sous la cité éthérique de Shamballa.

Comme pour toutes les organisations ou les groupes sur le plan terrestre, le Conseil sur la Terre travaillera de concert avec une contrepartie dans la zone éthérique. Bien entendu, c'est le Conseil terrestre qui aura le dernier mot. Les membres du Conseil des Adeptes démontreront leur aisance à chevaucher les plans terrestre et éthérique, et communiqueront librement avec leurs contreparties éthériques. Tous seront des collègues égaux oeuvrant de perspectives différentes.

Les communications entre le Conseil et sa contrepartie éthérique fonctionneront par télépathie. Les comptes-rendus des réunions seront disponibles au public à travers des porteurs de lumière avancés servant d'interprètes télépathiques. Parce qu'elle garantit l'ouverture du gouvernement, la télépathie deviendra éventuellement le seul moyen de communication.

Alors que les fonctions du Conseil augmenteront avec le temps à cause de l'interaction accrue entre les Régions Spirituelles, sa future forme administrative sera fondée sur les principes d'organisation hiérarchique les plus élevés, tels que pratiqués par la Hiérarchie Spirituelle. Il n'y aura pas de bureaucraties.

Le Représentant en Chef de la Région Spirituelle

La Hiérarchie et le Conseil des Adeptes nommeront un Représentant en Chef pour diriger chaque Région Spirituelle. Le Représentant en Chef sera très probablement un Adepte possédant le grade de Maître, se manifestant à travers des formes tant masculines que féminines, et provenant de la branche régionale de la Fraternité de Lumière[48].

Même s'il apparaîtra dans la chair dans le cadre de cette fonction, le Représentant en Chef sera le plus probablement un immortel capable de se manifester dans et hors d'un corps physique à volonté et lorsque nécessaire. Ce Maître-Adepte agira comme autorité terrestre ultime dans la Région Spirituelle, et aura le dernier mot dans toute décision majeure concernant la Région Spirituelle. Son mandat lui sera donné par la Hiérarchie Spirituelle, assurant la pureté de la gouvernance.

Alors que le Représentant en Chef fonctionnera en tant que chef moral et spirituel, les décisions opérationnelles quotidiennes seront déléguées au Conseil Gouvernant de chaque Région. Dans le

---

[48] La Fraternité de Lumière possède des branches régionales à travers le monde, par exemple la branche de Louxor, en Égypte, la branche sud-américaine et la branche nord-américaine, pour n'en nommer que quelques-unes.

cas d'une impasse sur un sujet donné, le Représentant en Chef possèdera le vote déterminant.

Même s'il représente une autorité supérieure, le Conseil des Adeptes ne pourra pas outrepasser les décisions prises par le Représentant en Chef et le Conseil Gouvernant de chaque Région Spirituelle, car chaque région doit être responsable de ses propres décisions.

Le Représentant en Chef représente, et garantit une transparence totale à, tous les habitants d'une Région Spirituelle. Au sein de tous les niveaux de dirigeants, aucun secret ou motif inavoué ne sera caché au public, ceci grâce à l'augmentation des capacités mentales et de la clairvoyance.

Le Conseil Gouvernant de chaque Région Spirituelle

Un Conseil Gouvernant dirigera les opérations quotidiennes de chaque Région Spirituelle. Des porteurs de lumière, initiés du troisième ou du quatrième degré, serviront comme membres de ces Conseils.

Le Représentant en Chef nommera les membres du Conseil Gouvernant à partir d'un groupe de volontaires, en fonction de leur degré de développement spirituel, tel qu'il est enregistré méticuleusement dans la Salle des Enregistrements de Shamballa. La popularité n'est pas un critère. Les membres du Conseil représenteront toutes les avenues de la vie. Ils incorporeront l'expérience, la connaissance terrestre, et la capacité de pratiquer la Magie Blanche. Ils posséderont toutes les facultés de base de la vue éthérique, de la clairvoyance, des pouvoirs télépathiques, de la continuité de conscience et de la précipitation. Ceci leur permettra une interaction active avec leurs contreparties éthériques de la Hiérarchie Spirituelle, lesquels leur transmettront des commentaires et les guideront sans outrepasser le droit inhérent à leur libre arbitre.

Les Conseils Gouvernants fonctionneront très différemment des gouvernements locaux actuels. Premièrement, en accord avec la Loi d'Attraction, il y aura une plus grande homogénéité générale entre les membres. Même si des différences existeront, elles ne résulteront pas en groupes d'intérêts séparés et en guerre. Plutôt que de créer une dichotomie, les différences seront considérées comme d'autres facettes d'une situation, enrichissant la substance et la profondeur de celle-ci. Deuxièmement, la diminution significative de la population réduira la pression sur les structures gouvernantes, leur permettant d'être simplifiées — toute une différence avec les bureaucraties gémissantes que nous voyons actuellement sur la Terre. Troisièmement, et de manière plus importante, le développement des cinq facultés éthériques garantira leur ouverture.

Les porteurs de lumière apporteront leur expérience chèrement acquise à la table de discussion dans tous les domaines, alors que leurs contreparties éthériques contribueront aussi de leur perspective immémoriale et de leur expérience pratique acquise au cours d'incarnations précédentes. La communication entre les deux plans se perfectionnera alors que les deux assemblées se rencontreront à cheval sur les deux dimensions.

Afin d'assurer la communication inter-dimensionnelle au sein du Conseil Gouvernant, un groupe de sensitifs télépathes et d'adeptes spirituels avancés sera responsable de maintenir la communication télépathique entre les Régions Spirituelles. Ils développeront des méthodes pour accroître la précision des messages entre les groupes.

Par conséquent, la communication télépathique résultera en une société toute nouvelle, d'une « ouverture » jamais vue jusqu'à présent. Cette ouverture révolutionnera le gouvernement et éliminera la politique, parce qu'aucun secret ne pourra être caché aux gouvernés. Cette faculté à elle seule révolutionnera la société telle que nous la connaissons actuellement et contribuera à créer l'Âge d'Or tant promis.

Les groupes de travail *ad hoc* sous l'autorité du Conseil Gouvernant

Aujourd'hui, les entreprises, les églises, les institutions caritatives et les autres organisations similaires se réunissent d'une manière qui fait la promotion de la division. La norme acceptée dicte que certaines forces — les désaccords, les objectifs différents (et habituellement égotistes) — oeuvrent constamment dans le but de briser les groupes. Ces forces créent un va-et-vient général tel que chaque groupe perd son dynamisme. Dans l'éventualité où le groupe demeure tout de même réuni, il s'établit finalement au niveau du plus grand dénominateur commun, tel que nous le voyons dans les bureaucraties — une apathie générale et une médiocrité de dessein et d'action, où l'excellence et l'innovation sont freinées par l'inertie et la peur. La Loi Cosmique d'Attraction déterminera l'appartenance au groupe d'une Région Spirituelle, et beaucoup des conflits et des désaccords qui caractérisent l'activité des groupes actuels seront minimisés ou éliminés.

Les survivants qui émergeront d'une décennie de changements terrestres initiaux auront appris la leçon monumentale de la coopération de groupe, car leur survie aura dépendu de cette forme de coopération. Le traumatisme de ces changements brisera l'état d'esprit de l'individualisme rude en faveur de l'action partagée. Même avant d'arriver dans les Régions Spirituelles, il est probable que de petits groupes de porteurs de lumière se seront déjà formés. Au cours de leurs aventures, des liens solides se seront formés au sein de chaque groupe. Étant menés vers les Régions Spirituelles sans avoir accès aux moyens de communication conventionnels, plusieurs survivants se seront reposé sur la communication télépathique à travers les canaux éthériques pour atteindre leur destination.

Dans la société de transition, les groupes et les organisations sous l'autorité de la hiérarchie gouvernante seront créés en vue d'une tâche spécifique. Une fois cette tâche complétée, le groupe sera dissous, éliminant le besoin d'une bureaucratie à plusieurs niveaux qui perdure et draine.

Peu importe le dessein fonctionnel d'un groupe, son activité devra contribuer de quelque manière au but ultime de la Région Spirituelle: la Libération de l'Âme. Ce but contraindra toutes les activités dans la Région, de manière à ce qu'il existe une cohérence entre les activités de la société de transition.

Tous les groupes auront une contrepartie dans la dimension éthérique. Les ashrams éthériques de certains Maîtres seront à la base de la formation des groupes sur le plan terrestre. Quelques membres pourront choisir de prendre des formes éthériques sur le plan éthérique de manière à pouvoir mieux communiquer avec leurs camarades sur le plan physique. Ce mélange de membres éthériques et physiques au sein de chaque groupe caractérisera la formation de tous les groupes dans les Régions Spirituelles. Si un groupe de guérisseurs se forme dans une Région Spirituelle, des guérisseurs expérimentés des dimensions supérieures se joindront à ce groupe sur le plan éthérique. Si un groupe d'ingénieurs se forme afin de construire une structure, des esprits ingénieurs coopéreront avec eux.

La nature transitoire de la structure gouvernante

Dans ce système de gouvernance hiérarchique, du Conseil des Adeptes au Conseil Gouvernant de la Région Spirituelle et aux groupes de travail, une conception éclairée de l'idée de hiérarchie sera nécessaire. Lorsque ces éléments sont considérés comme une extension de la Hiérarchie Spirituelle jusqu'aux plans éthérique et physique, ils ne peuvent jamais être oppressifs, car ils font uniquement la promotion du mouvement ascendant.

L'ordre devra être établi, initialement, par la forte présence de membres de la Hiérarchie. Étant donné le chaos potentiel de la période, des soins spirituels intenses seront nécessaires pour restaurer l'ordre après l'étape destructrice initiale du pralaya. Les trois niveaux de gouvernement bénéficieront des conseils qui descendront de leurs contreparties de la Hiérarchie Spirituelle sur le plan éthérique.

Alors que la confiance des dirigeants régionaux augmentera et que ceux-ci prendront pied dans leurs fonctions, de plus en plus de responsabilités incomberont aux générations qui suivront. Les Maîtres et les adeptes se retireront graduellement et permettront à l'impulsion ascendante de l'initiation de combler les rangs des gouvernants. Il est concevable que le Représentant en Chef puisse un jour provenir des rangs des porteurs de lumière terrestres de quatrième initiation.

Mais il est aussi concevable que les dirigeants sur Terre se fatiguent ou manigancent de bloquer l'influence de leurs contreparties éthériques pour se débrouiller seuls. Cela s'est déjà produit dans des civilisations antérieures, lorsque la société donna libre cours aux entreprises sensuelles et égotistes. Dans ce cas, les contreparties éthériques se retireront et permettront au libre arbitre de l'humanité de s'exprimer.

Les qualifications des gouvernants

Les Représentants en Chef des Régions Spirituelles seront de deux genres: 1) les Maîtres qui ont pris des corps physiques et travaillé pendant des siècles sur le plan terrestre, et 2) les Maîtres qui ont travaillé avec les porteurs de lumière, au sujet de ce pralaya, à partir du plan mental et qui prendront des véhicules semi-physiques-éthériques pour œuvrer dans les Régions Spirituelles.

Les autres dirigeants dans les Conseils Gouvernants des Régions Spirituelles et les groupes de travail *ad hoc* proviendront des rangs des porteurs de lumière initiés du quatrième ou du troisième degré. Les critères de choix seront leur connaissance d'un certain champ d'expertise et leur maîtrise de la Magie Blanche. Dans les Régions Spirituelles, la qualification spirituelle des dirigeants aura la primauté sur leur expertise. La combinaison sera puissante, spécialement lorsqu'elle sera alignée aux buts du Plan Divin.

Les porteurs de lumière – Initiés du quatrième degré en incarnation[49]

Plusieurs initiés du quatrième degré ont sacrifié le progrès de leur évolution sur les plans

---

[49] Pour une description des niveaux d'initiation, référez-vous s'il-vous-plaît à *Initiation Humaine et Solaire* de Alice A. Bailey et à *Les Maîtres et le Sentier* de C.W. Leadbeater.

spirituels pour venir de nouveau travailler pour l'humanité comme porteurs de lumière au cours du pralaya. Ces initiés-porteurs de lumière combleront les rangs du Conseil Gouvernant. Leur parcours jusqu'à aujourd'hui peut être résumé comme suit:

> La vie de l'homme qui reçoit la quatrième initiation, appelée la Crucifixion, est habituellement une vie de grand sacrifice et de souffrances. C'est la vie de l'homme qui fait la Grande Renonciation et même exotériquement, elle apparaît intense, difficile et douloureuse. Il a tout déposé sur l'autel du sacrifice, même sa personnalité devenue parfaite, se trouve dépourvu de tout. Il a renoncé à tout, aux amis, à l'argent, à la réputation, à la renommée dans le monde, à la famille et même à la vie elle-même.[50]

Plusieurs de ces renonciants peuvent être trouvés parmi les mystiques des religions traditionnelles du monde, cependant plusieurs initiés du quatrième degré qui vivent des vies de renoncement le font dans un contexte non-religieux. Ils se retrouvent dans presque toutes les avenues de la vie, souvent camouflés comme ces silencieux travailleurs de la lumière mis de côté dans les grands halls du pouvoir et de l'influence. Ceux qui détiennent des positions élevées dans les gouvernements et la finance peuvent ressembler extérieurement à leurs collègues des Forces des Ténèbres, mais intérieurement, ils font beaucoup pour modérer le mal perpétré. Tel est leur sacrifice et leur souffrance alors qu'ils vivent

---

[50] Extrait de la version française de : Bailey, Alice A., *Initiation Human and Solar*, New York: Lucis Publishing Company, 1922, p. 90.

jour après jour au seuil de la crucifixion ! Lorsque les Forces des ténèbres seront défaites, ces initiés-porteurs de lumière émergeront triomphants pour diriger avec une perspective sage et terre-à-terre tout en étant conforme aux principes spirituels du Plan Divin. Ils parleront du passé avec l'autorité de l'expérience et de l'épreuve. Et ils puiseront dans cette expérience pour transporter jusque dans le Nouvel Âge d'Or cette partie de l'évolution de l'humanité qui est bonne et positive.

Une fois installés dans les Régions Spirituelles, des porteurs de lumière-initiés du quatrième degré serviront de liaison entre leurs ashrams respectifs dans la Hiérarchie Spirituelle et le plan terrestre, et de dirigeants. Préparés à travailler tant sur les plans éthérique que physique avant de se rendre dans les Régions Spirituelles, ces porteurs de lumière-initiés s'assureront que les plans et les suggestions de la Hiérarchie sont clairement articulés aux populations des régions sûres.

Les porteurs de lumière – Initiés du troisième degré en incarnation

Les porteurs de lumière du troisième degré sont présents dans tous les domaines de réalisation mondains, maîtrisant les sciences, l'économie, la politique, les affaires, la banque, la finance, etc. Quelques-uns travaillent même comme courtiers en valeurs. Ceux-là sont les moutons noirs, qui ressentent silencieusement qu'ils ne font pas partie du monde des affaires ou de la communauté scientifique mais qui, néanmoins, pratiquent dans ou contribuent à leur domaine ou leur champ d'activité particulier. La plupart sont rongés par la sensation qu'il y a quelque chose de plus dans la vie. Leur quête les mène en premier dans une recherche temporaire et futile de la vérité dans les églises et les temples traditionnels.

Leur sentiment de détachement provient du fait que leur Soi Supérieur est en harmonie avec les dimensions supérieures pendant leur sommeil, alors que pendant leurs heures de conscience éveillée, ils sont très conscients qu'il existe quelque chose de plus grand qu'eux-mêmes. C'est pourquoi leur carrière est en conflit avec leur coeur. Plusieurs souffrent en silence mais excellent néanmoins au sein des méandres des organisations humaines jusqu'à ce qu'ils reçoivent le signal, provenant des salles sanctifiées des dimensions supérieures, qu'il est temps de se séparer de leur carrière et de débuter un nouveau cycle. Ils sont le fruit mûr prêt pour la récolte, préparés dans tous les domaines de réalisation. Une Armée de Porteurs de Lumière : ils sont parés au futur déroulement du plan divin au cours de la période de reconstruction.

Lors de la troisième initiation, quelquefois nommée la Transfiguration, la personnalité toute entière est inondée par la lumière provenant d'en-haut. C'est seulement après cette initiation que l'âme guide définitivement la personnalité. Le porteur de lumière-initié est en tout temps en position de reconnaître les autres membres de la Hiérarchie Spirituelle, et ses facultés psychiques sont stimulées par la vivification des *centres de la tête.* L'intuition spirituelle, la clairaudience et la clairvoyance sont éveillées lorsque le corps est pur, le corps astral stable et le corps mental sous contrôle. À ce moment l'initié est prêt à utiliser sagement les facultés psychiques pour venir en aide à la race.[51]

Dans les Régions Spirituelles, les porteurs de lumière-initiés du troisième degré combleront les postes de direction, que ce soit dans le Conseil Gouvernant ou le Secteur Libre. Le moment venu, ils transporteront la connaissance, tant ésotérique et mondaine, qui leur permettra de diriger les groupes et les projets. Ils organiseront et verront au bon fonctionnement quotidien de conseils locaux et de groupes. Ils sont l'équivalent ésotérique du « technocrate », pouvant travailler à la réalisation de projets tant à partir du plan physique que du plan éthérique.

Les porteurs de lumière de première et de deuxième initiation

Un grand nombre de ces porteurs de lumière-initiés ressentent l'appel intérieur mais répondent cependant davantage à l'appel extérieur. La plupart luttent avec les problèmes causés par le corps physique dense et une personnalité chargée des fardeaux que sont le doute, la rationalisation mentale, l'excitation et la confusion astrale. Au plus profond d'eux-mêmes, ils savent cependant que « quelque chose » va se produire. Ce sont eux qui sont « assis sur la clôture », qui ne se sont pas engagés et qui posent des questions sans arrêt,

---

[51] Ibid., p. 87.

espérant trouver la réponse qu'ils souhaitent entendre — principalement « que tout ira bien ». S'ils choisissent de se joindre à la vie dans les Régions Spirituelles, leur processus d'initiation s'accélèrera, et ils pourraient compléter plus d'une initiation au cours de leur vie. Pour que ceci se produise, l'engagement envers le Plan est nécessaire, non avec des mots mais avec des actions. C'est là ce qui pourrait bloquer leur progrès. Quelquefois, ils exigent un engagement selon leurs propres termes, confortables et sans aucun bouleversement. Dans l'ère qui suivra les Grandes Inondations, ces porteurs de lumière-initiés seront secoués. Soit ils s'engageront, soit ils quitteront la Terre avec les autres.

Le Secteur Libre

Tous les autres résidants sur tous les plans qui ne sont pas engagés dans la hiérarchie gouvernante seront libres de vivre comme ils le choisiront. Ils pourront former des institutions d'enseignement, se fournir les uns les autres une multitude de services, établir des relations avec des amis ou des ennemis du passé, former des activités de groupe au sein de toute la gamme des domaines de réalisation de l'homme — une vie bien remplie. Ce sera le Secteur Libre.

Plusieurs des dirigeants du Secteur Libre proviendront des rangs des porteurs de lumière-initiés du troisième degré.

Projetons maintenant à quoi pourrait ressembler le Secteur Libre de la société de transition en l'examinant du point de vue des activités traditionnelles que sont l'économie, la santé, l'éducation et la vie spirituelle:

1. L'économie: biens, services et précipitation

Dans la société de transition, plusieurs offriront naturellement leurs services, d'une manière volontaire, pour construire ce qui est nécessaire au bien commun. Si une route, une école, ou tout projet de bien commun pour la société doit être construit, des architectes, des ingénieurs, du personnel et des ouvriers avides de construction offriront volontairement leurs services.

Les résidents des Régions Spirituelles auront l'opportunité de réévaluer ce dont ils ont besoin, par opposition à ce qu'ils désirent. Le nettoyage du plan astral et des corps astraux individuels réduira les désirs à l'essentiel. La surconsommation ne sera plus un fardeau pour la société, et l' « envie d'acheter » se transformera en une envie de servir. Les gens satisferont à leurs besoins par l'abondance des ressources qui leur seront disponibles dans les Régions Spirituelles, mais, en même temps, leurs besoins seront réduits de beaucoup. Par exemple, ils mangeront moins, se restaurant du nouvel afflux de *prana* plutôt que de nourriture. Avec le progrès de société de transition, les résidents apprendront à précipiter les nécessités à partir de la matière éthérique.

L'approvisionnement par la précipitation

Au cours de la période initiale dans les Régions Spirituelles, les adeptes de la Hiérarchie nourriront les gens un peu à la manière dont le

Maître Jésus a nourri les multitudes — par la précipitation. Ils donneront l'exemple de ce qui est à venir. Tous les membres de la société de transition apprendront à précipiter ce qui est nécessaire à la satisfaction des besoins essentiels par l'éducation, le développement spirituel et la reconnaissance du rôle de créateurs de formes des élémentaux.

Précipiter, c'est donner une forme à la pensée. Dans les Régions Spirituelles, nous donnerons forme à la pensée tant par le biais de la matière dense que par le biais de la matière éthérique.

Les atomes, une forme de matière dense, entourent une forme-pensée et un objet solide est créé. Une pensée dans l'esprit d'un ingénieur devient éventuellement une automobile. Une autre pensée dans l'esprit d'un designer devient une robe. Dans notre monde, les pensées sont éventuellement précipitées dans la matière dense.

Les pensées peuvent aussi se manifester à travers la matière éthérique; en fait, la plupart des pensées émanant de l'âme existent en premier en matière éthérique avant de se manifester en matière dense. Un avantage des formes-pensées éthériques est qu'elles peuvent être transmises télépathiquement d'un endroit à un autre. Un jour, il sera banal de recevoir tant des messages télépathiques que des objets éthériques par les voies de circulation éthériques. Alors que la vision éthérique deviendra de plus en plus précise, nous verrons et bénéficierons de matérialisations éthériques et nous nous dispenserons éventuellement du monde matériel dense. Dans la société de transition, il y aura cependant un mélange de précipité et de matériel avant que la précipitation éthérique complète ne soit reconnue.

Lorsque tous auront développé la capacité de précipitation, ce sera la solution ultime à tous les besoins. Même aujourd'hui, plusieurs porteurs de lumière faisant l'expérience de difficultés financières pourraient soudainement trouver des ressources à leur disposition: un héritage, un bon investissement, et même de l'argent qui apparaît de nulle part. Il n'est pas rare de faire l'expérience de la précipitation dans notre monde, et nous bénéficierons de plus en plus de ce phénomène alors que les Magiciens Blancs travailleront à soulager la souffrance au cours de la dépression économique.

Alors que la précipitation deviendra plus courante, elle ouvrira les vannes de la créativité réelle. Les individus seront capables de créer ce que leur âme voudra manifester. Ce que l'un crée pourra faire les délices d'un autre et vice versa. Ainsi sera plantée la graine de l'échange. La précipitation est le summum de la créativité individuelle. Plus jamais l'humanité ne sera contrôlée par les modes et les lubies de masses. La créativité individuelle sera de retour entre les mains de l'âme. Ceci fait partie du processus de la Libération de l'Âme.

Les échanges et l'or

L'argent a été un des plus importants facteurs de cette civilisation — peut-être le plus important. Comme moyen d'échange, il a permis de soulever le fardeau du transfert des biens que l'on retrouve dans un système de troc. Mais même avec les meilleures solutions, l'humanité a le don de détourner de telles innovations à des fins égotistes. L'humanité n'a pas encore appris la leçon de l'argent. Pour cette raison, l'argent continuera d'être utilisé longtemps pendant la société de transition.

Le système actuel de monnaies fiduciaires nationales de papier avance à toute vapeur sur la route de l'autodestruction car ces monnaies ne sont endossées par rien sinon la rhétorique politique. Aucune devise ne peut être remboursée, car il n'y a aucune réserve d'or ou d'argent-métal pour les soutenir. Une fois que les gens verront le système entier de l'argent pour ce qu'il est — du papier — ils se tourneront vers l'utilisation de l'or et de l'argent-métal comme moyen d'échange.

Les gens subviendront à leurs besoins par l'échange ou le troc. Des pièces de monnaie d'or et d'argent-métal seront utilisées pour équilibrer les échanges ou dans le but d'acheter des actifs comme des outils de construction, des approvisionnements et des matériaux. Ainsi nous pouvons anticiper que l'or et l'argent-métal seront utilisés comme argent dans les Régions Spirituelles après les Grandes Inondations.

Plusieurs villes du monde situées en terrain élevé survivront aux Grandes Inondations et se tourneront vers l'or et l'argent-métal comme argent universel. Plutôt que d'utiliser des devises nationales, les gens feront l'échange de grammes ou d'onces d'or ou d'argent-métal, peu importe la provenance ou la présentation.

Avec des moyens qui nous sont encore inconnus, la Hiérarchie Spirituelle distribuera de l'or dans les économies des Régions Spirituelles. L'or a été mis de côté pendant des millénaires et abonde sur la Terre — les Forces des Ténèbres l'ont seulement caché et monopolisé. La distribution et la libre circulation de ces grandes quantités d'or permettront à une économie stable, non sujette à l'inflation ou à la déflation, de prospérer.

Le système basé sur l'or et l'argent-métal sera utilisé au cours de la période initiale de la société de transition. Lorsque l'humanité apprendra à maîtriser la précipitation, la manifestation prendra le relais: pensez, et il en sera ainsi. Pour faire la transition entre un système monétaire et un système de précipitation, nous devrons passer par le système d'échange troc-or-argent.

Les banques ne seront plus nécessaires

Puisque nous devons vivre avec l'argent jusqu'à ce que nous apprenions à l'utiliser adéquatement pour solutionner les problèmes de l'humanité, celui-ci devra être retiré des mains de tout contrôle central — que ce soit une communauté, une ville, une nation ou au niveau international. Là se trouve la racine du problème actuel de l'argent. Le système monétaire actuel est contrôlé par bien peu de gens. L'argent-papier a pris le contrôle des individus. L'argent électronique est encore plus éphémère. Il va et vient — et surtout s'en va — à la vitesse de la lumière pendant la nuit!

Les Forces des Ténèbres ont créé un système bancaire fondé sur l'idée de réserve fractionnaire. Les banques peuvent prêter une quantité d'argent égale à un certain multiple de leurs réserves (argent de papier, monnaie métallique et or détenus dans leurs coffres). Ce multiple peut être dix, vingt ou même infini selon le pays! C'est de cette manière que les banquiers sont devenus aussi riches — en prêtant *à intérêt* de l'argent sans valeur et non remboursable. En essence, les banques utilisent votre argent pour faire davantage d'argent pour elles-mêmes et, par des transactions sur papier plus complexes impliquant davantage de papier (i.e. les actions et les obligations), elles ont créé le marché boursier, les marchés des obligations et des produits dérivés, et encore d'autres instruments financiers. L'effondrement de ce château de cartes est la raison de la dépression économique de 2007.

Dans les Régions Spirituelles, la gestion de l'énergie de l'argent sera redonnée à l'individu. Si des banques sont établies, elles seront principalement des endroits d'entreposage sécuritaire. Si une banque existe seulement pour l'entreposage des économies d'une personne, la capacité d'utiliser cet argent demeure uniquement entre les mains de son propriétaire, et ne devient pas celle de l'installation d'entreposage ou de la banque. Ainsi, une personne qui est imprégnée du sens du service et de la Loi Cosmique peut utiliser cet argent ou cet or pour ce qui fait directement ou indirectement la promotion de la Libération de l'Âme. Le lien entre l'accumulation de l'énergie de l'argent par un individu et sa connaissance des Lois Cosmiques sera très important pour assurer l'utilisation juste et adéquate de l'argent. L'utilisation adéquate de l'argent est une leçon que l'humanité a encore à maîtriser et constituera un prérequis essentiel à l'entrée dans le Nouvel Âge d'Or.

2. La santé, les mal-aises et la guérison télépathique

Au cours des années menant aux Grandes Inondations, les Forces des Ténèbres auront recours aux maladies fabriquées, sous la forme de pandémies, dans leur tentative d'entraîner la plus grande partie possible de l'humanité dans leur défaite. Les maladies fabriquées et les pandémies sont utilisées politiquement pour contrôler et créer une dépendance envers les institutions de l'État et soumettre les gens par la peur. Nous citons le SIDA et la grippe aviaire comme des exemples de premier choix de maladies fabriquées dans l'intention de créer la peur et la panique, et de tuer des millions. Dans les derniers jours, plusieurs tactiques de guerre bactériologique utiliseront des vecteurs provenant du royaume animal — comme les insectes — pour transmettre ces maladies autour du monde. L'étendue du succès des Forces des Ténèbres dans ses intentions meurtrières est actuellement inconnue, mais nous pouvons au moins prédire qu'au terme de cette tactique diabolique, elles perdront.

La pollution a été la cause de multiples mutations de « bonnes » bactéries en bactéries nuisibles, alors que le corps humain perd sa résistance aux microbes à cause d'une alimentation défaillante et des conditions de stress. N'est-il pas peu surprenant que la Terre doive inonder sa surface avec les eaux purificatrices de la mer? La manière dont les eaux salées, de teneurs variées, seront utilisées lors de ce nettoyage est le résultat d'une application systématique et intelligente et non, comme l'homme pourrait le croire, d'une destruction aléatoire. Ainsi, que ce soit par la sécheresse et la puissance du Soleil ou l'effet nettoyant de l'eau de mer, le nettoyage aura pour cible les régions insalubres infestées par les maladies.

Par conséquent, nous voyons que les deux sources principales des maladies actuelles seront éliminées dans les Régions Spirituelles, et la nature des maladies se déplacera davantage vers le royaume et les défis du mental. Ceux qui survivront à ces temps difficiles le feront parce que leur taux vibratoire auront augmenté au point où les maladies ne pourront ni les toucher ni leur faire du tort. C'est une question de vibration, et non de système immunitaire.

La nature des maladies dans la société de transition

Lors de la société de transition, les mal-aises résulteront davantage de situations psychologiques que de sources organiques. Le résidu des maladies actuelles affectera davantage les survivants que leurs enfants, car l'humanité sera à l'avenir plus ou moins libérée des maladies organiques.

Les populations survivantes dans les Régions Spirituelles et les régions avoisinantes feront l'expérience de maladies principalement suite à leur ajustement aux vibrations supérieures. Depuis l'an 2000, les vibrations plus élevées et l'accélération du temps ont poussé l'humanité jusqu'à la folie. Des ajustements vibratoires encore plus élevés seront nécessaires, chez ceux qui se rendront dans les Régions Spirituelles, et alors que la forme physique dense laissera aller couche après couche d'atomes denses, ce processus ne sera pas sans douleur et sans inconfort. Il y aura un malaise à cause de la détoxification constante que le corps physique devra subir alors que son taux vibratoire augmentera. Tous devront subir cette transition du corps. Ce que nous prévoyons venir à la surface sous forme de détoxification proviendra en grande partie des profonds traumatismes associés aux bouleversements de la vie au cours des changements terrestres.

De tels ajustements majeurs au véhicule corporel se produiront à un moment où présence d'esprit et grande perspicacité seront le plus nécessaires. Ceux qui s'ajusteront vivront des moments de désorientation, un sentiment d'être tout en n'étant pas — tel un cas grave de décalage horaire. Toutes les situations psychologiques résiduelles qui auront réussi à demeurer au sein du mental inférieur et du corps astral / émotionnel seront forcées de remonter à la surface au cours de cette période, et les soins et l'amour des membres du groupe seront bénéfiques à la récupération.

Graduellement, alors que la population survivante s'ajustera aux vibrations supérieures, la maladie, telle que nous la connaissons aujourd'hui, disparaîtra. Les mal-aises seront plutôt dus à un contrecoup causé par la résistance envers les nouveaux concepts et les enseignements de la Sagesse Immémoriale. La résistance mentale envers les nouveaux enseignements de la Sagesse Immémoriale qui sont destinés à provoquer un changement pour le mieux causera un stress qui se manifestera éventuellement en un mal-aise non voulu. Les luttes et les défis de l'évolution ne s'arrêtent jamais... telle est l'expérience de notre dimension.

La lutte intérieure avec la dualité

L'aventure qui nous mènera de notre corps émotionnel (astral) inférieur jusqu'à notre corps mental fera ressortir des problèmes émotionnels inférieurs semblables à ceux que nous traitons actuellement. Cependant, l'aventure qui nous mènera de l'astral supérieur au corps mental supérieur, celui qui touche le soi spirituel, entraînera son propre type de problèmes et, si mal gérée, pourra engendrer des symptômes ressemblant à la folie mentale. La plupart des résidents des Régions Spirituelles rencontreront ce type d'ajustement.

La polarité qui caractérise notre vie illusoire actuelle sur la Terre nous propose des choix moraux à travers la bataille entre opposés. L'élan du bien vers l'auto-expression perpétue la bataille avec le mal, rendant la vie sur ce plan intéressante et pleine de défis. Est-ce que les changements terrestres règleront cette situation de dualité? La réponse est non. La lutte au sein de la matière dense et de la matière éthérique continuera, mais d'une manière davantage intériorisée. Cette bataille intérieure peut être perçue comme quelqu'un conversant avec lui-même, se joignant aux rangs des fous.

Des batailles et des luttes intérieures se produiront. Votre droit de choisir parmi les alternatives demeurera, et ce que vous choisirez sera votre voie vers la sagesse. Et oui, quelquefois votre choix pourra ne pas être approprié, mais on vous donnera néanmoins beaucoup plus de chances de choisir parmi ce qui répondra parfaitement à vos besoins mentaux.

Des choix, des choix, des choix. Quelle chance vous avez! Les différences seront oh, combien subtiles, et le corps mental devra être, oh, tellement perspicace pour discerner les différences et les avantages. Et est-ce que les émotions entreront en jeu? Eh oui, mais des émotions plus différentes et élevées que vous pouvez l'imaginer. Ah, ces pensées sublimes, provocantes, telles que peuvent l'évoquer de splendides œuvres d'art. Et ces discours bien pensés que vous entendez et les pièces de théâtre et la musique — tout cela contiendra des formes-pensées tellement subtiles qui retarderont ou hâteront votre ascension spirituelle.[52]

La méditation et l'éducation peuvent résoudre cette bataille, qui consiste à enlever des couches

---

[52] Sanctus Germanus à travers l'Amanuensis.

de matière physique en faveur de l'éthérique. Vous devrez consciemment vous exprimer par deux corps en même temps. Plusieurs auront gagné cette bataille avant 2012, mais la vaste majorité des porteurs de lumière qui prévoient entrer dans la phase de reconstruction dans les Régions Spirituelles devront faire face à cette lutte. Le défi ne se termine jamais, mais chaque fois que vous atteignez un plateau, il y a un paradis à contempler, rendant la lutte encore plus méritoire.

Pensiez-vous que vos leçons se termineraient dans le Nouvel Âge d'Or? Vous n'en finissez jamais, mais elles deviennent de plus en plus subtiles, nécessitant un discernement spirituel tranchant comme un rasoir, un discernement d'un genre qui n'existe pas dans cette dimension. Alors que les éléments les plus grossiers se retireront de la conscience humaine, vous toucherez la frange de cette subtilité pendant l'approche des années des grands changements.

Mais même pendant les cataclysmes, vous serez éclairés sur ce qui se produit, de telle sorte que le changement prendra une nouvelle signification, une nouvelle perception jamais vue par l'humanité actuelle. Et chaque fois que cette nouvelle perception sera comprise, des changements physiques se produiront dans votre véhicule corporel. Mais vous vous ajusterez de telle manière que vous pourrez poursuivre votre dessein. Les éléments les plus grossiers de l'humanité ont tellement rabaissé votre pensée et ont masqué ce niveau de perception. Il sera restauré en pleine gloire et vous comprendrez cette douceur qui est celle de l'Esprit, et cette douceur s'appellera la « santé ».[53]

Les modalités de la guérison télépathique

C'est à ce point critique que le Logos Planétaire — l'Ancien des Jours — qui a vu et fait l'expérience d'innombrables pralayas, a fourni à l'humanité des énergies de guérison télépathique qui peuvent être transmises ou redirigées par des praticiens entraînés vers ceux qui sont sous l'effet du stress. La guérison fut une grande partie de la mission du Maître Jésus sur la Terre, et on nous dit que Sa capacité de guérir provenait directement du Logos Planétaire[54]. Ainsi, la guérison spirituelle dans sa forme la plus efficace est en fait la réponse de la matière dense ou éthérique à l'énergie éthérée la plus raffinée et dont le taux vibratoire est le plus élevé. Cette énergie doit venir de sources plus élevées que le plan éthérique et contenir l'intention directe de guérir tout ce qui n'est pas conforme à la Loi Cosmique.

La guérison télépathique, tandis qu'elle soulage l'inconfort, est le chant de clairon qui permet d'attirer les autres dans le giron de l'esprit. C'est un outil de Magie Blanche pour démontrer la libération des limitations du véhicule physique. Les guérisons spirituelles les plus efficaces se produiront chez ceux qui parcourent le Sentier de l'Initiation. La guérison spirituelle, par

---

[53] Ibid.
[54] Maître Sérapis Bey, Enseignements de l'École des Mystères, Fondation Sanctus Germanus.

conséquent, a un dessein: elle débloque les obstacles à la Libération de l'Âme.

Les porteurs de lumière poursuivant leur dessein et leur mission au sein du Plan Divin feront naturellement l'acquisition de capacités de guérison et travailleront à soulager leurs camarades porteurs de lumière sur le Sentier, particulièrement au cours de cette période d'ajustement de taux vibratoire. Ceux qui n'ont aucun intérêt conscient envers le Sentier observeront ces guérisons et s'en émerveilleront. En ce sens, la guérison est le chant du clairon, un rappel à la population générale que la guérison fait partie du Sentier. Autrement, la population générale devrait rechercher une aide alternative dans les domaines de la médecine et de la médecine alternative.

3. L'éducation dans les Régions Spirituelles

L'éducation est la clé de l'orientation de l'état d'esprit des humains vers la Loi Cosmique. C'est la seule fonction du Secteur Libre que le Représentant en Chef guidera directement. Nous ne prévoyons pas un système scolaire comme tel, mais l'éducation résultera d'initiatives individuelles ou de groupe dans le Secteur Libre. N'étant pas restreinte à des salles de classe, l'éducation sera un processus perpétuel d'interpénétration entre les dimensions pour tous les habitants des Régions Spirituelles. Alors que chaque porteur de lumière maîtrisera les facultés éthériques et contrôlera ainsi la vie sur les plans physique et éthérique, il ou elle verra les membres de son ashram éthérique se tenant prêts à partager

de l'information à partir de n'importe quel niveau
ou dimension.

Au cours des années initiales, l'éducation et
l'entraînement mettront l'emphase sur le
développement et le renforcement des techniques
des cinq facultés éthériques, en vue de rendre
plus aiguisées la vision éthérique, la télépathie, la
continuité de conscience, la pensée
multidimensionnelle et la précipitation.

La télépathie jouera un rôle fondamental dans
la dissémination des enseignements dans les
Régions Spirituelles. L'éducation se fera là où se
trouve la personne et au moment où elle le désire,
parce qu'elle sera disponible télépathiquement.
L'instruction télépathique, comme l'éducation en-
ligne, révolutionnera par conséquent le concept
d'école et l'infrastructure lourde qui lui est
associée, et placera tous les étudiants en *rapport*
direct avec les Maîtres chargés de l'enseignement.
Une fois l'atmosphère nettoyée de la négativité
astrale actuelle, la capacité d'apprendre par
télépathie des grands instructeurs du Bureau du
Christ à Shamballa aura un impact inestimable sur
l'individu et la société. L'enseignant transmettra
une connaissance instantanément discernable
alors que l'étudiant réceptif pourra donner un
compte rendu instantané à savoir si cette
connaissance aura pris racine, aura été accepté ou
rejetée. Il sera difficile de conserver des secrets
ou de cacher l'ignorance. L'apprentissage
reposera davantage sur la transmission et la
révision orale de ce qui aura été transmis
télépathiquement, et dépendra moins de

l'apprentissage à partir de livres. Ceci afin que les principes demeurent vivants à la pratique et à la révision, et ne soient pas simplement codifiés pour être entreposés dans des tomes poussiéreux.

L'éducation de la nouvelle race

L'éducation devrait prendre en considération les talents et les capacités que possèdent les enfants de la nouvelle race: la clairvoyance, la clairaudience, la clairsentience, la vision éthérique de l'oeil physique, la continuité de conscience, la télépathie et le potentiel de manifestation. Dotés de ces capacités, ces jeunes se verront offrir les mêmes choix terrestres qui les amèneront ou non à fouler le Sentier. Aucune de ces capacités ne garantit leur entrée sur le Sentier de l'Initiation, cela demeure leur choix. Le pianiste super-talentueux aura les mêmes choix à faire que le travailleur journalier, le clairvoyant que le non-clairvoyant. La clairvoyance n'est pas synonyme de spiritualité et du choix de chacun de parcourir le Sentier. En fait, elle complique le choix, car celui-ci ne sera plus jamais fait sur la seule base de la foi aveugle, mais bien avec une conscience plus étendue des différentes dimensions où chacun réside.

Paradoxalement, la nouvelle race atteindra la Terre par le canal des naissances des corps de la Cinquième Race-Racine. Par conséquent, il est nécessaire que la Cinquième Race-Racine nourrisse et prenne soin de la Sixième Race-Racine naissante, et cette dernière doit en même temps réformer ceux qui prennent soin d'elle. Là se trouve le besoin d'une nouvelle éducation, une éducation où beaucoup de respect mutuel est nécessaire. Jamais plus l' « élève » ne devra être sous la domination de l'instructeur, car l'instructeur devra tirer de l'inspiration de l' « élève ». Cependant, le monde dans lequel ces enfants vivront sera d'une dimension plus vaste que celui avec lequel la race-racine précédente aura eu à traiter, et implique par conséquent une gamme plus vaste de choix conscients.

Dans les Régions Spirituelles, ces enfants feront face à des choix qui ne sont pas tangibles aux cinq sens. Il leur sera aisé de jouer sur le plan astral sans supervision, et il est probable qu'ils feront fausse route si on ne leur enseigne pas la discipline et la discrimination en bas âge. Leurs autres corps — éthérique, astral et mental — seront pleinement activés, ajoutant le besoin d'une éducation qui traitera des aspects multidimensionnels de leur entière personnalité.

Les écueils sont nombreux sur le plan astral, mais si le superviseur ne peut pas lui-même voir les tentations qui résident sur ce plan, alors comment pourra-t-il ou elle enseigner la discrimination nécessaire à la nouvelle race? La réponse à ceci est facile. Il est en bas comme il est en haut. La discrimination mentale apprise dans le contexte de la pensée concrète et abstraite est la même. Si elle est bien enseignée, même du point de vue des penseurs concrets de la Cinquième Race-Racine, elle servira aussi bien aux enfants sur le terrain de jeu astral, car ce qui est inapproprié sur le plan physique l'est aussi sur le plan astral.

Ainsi les enfants doivent apprendre la discipline et la discrimination, quand utiliser leurs facultés pour aider la société, et quand il n'est pas approprié de les utiliser. Un enfant clairvoyant pourrait facilement conclure qu'il est fou dans ce monde, car il voit ce que les autres ou ses « supérieurs » ne voient pas. Mais la nouvelle race pourrait aussi utiliser ces facultés pour marquer sa supériorité sur la Cinquième Race-Racine d'une manière immorale. De même, les incarnations précoces de la Sixième Race-Racine doivent encore apprendre l'utilisation responsable de la clairvoyance, car en plusieurs occasions ces facultés ont été supprimées ou utilisées dans le contexte d'un psychisme inférieur.

Le pire qu'un programme éducatif pourrait faire serait de supprimer ces nouvelles capacités et de remouler les jeunes esprits à la pensée concrète. Ils doivent à la fois être fermement enracinés dans le développement intellectuel et être ouverts aux vastes possibilités et à l'inspiration provenant des plans supérieurs. Lorsque ces facultés seront appliquées aux problèmes de l'humanité, nous pouvons anticiper des solutions créatives. Tout comme nous avons cité précédemment les pièges possibles sur le plan astral, nous voyons aussi les possibilités infinies émanant de ces enfants qui sont capables d'accéder et de recevoir l'inspiration des idées les plus élevées leur parvenant à partir des plans supérieurs. Leur utilisation comme conduits pour les formes-pensées créatives émanant de la Hiérarchie Spirituelle devrait être considérée comme une des principales fonctions de ces enfants.

La conscience du genre ne devrait plus enserrer les enfants de la nouvelle race, car ils représentent un mélange et un équilibre inhérent du masculin et du féminin. La situation où un sexe fait de l'autre sa proie sera moins un problème que dans le monde de la Cinquième Race-Racine. Les enfants de la Sixième Race-Racine représentent les débuts de la re-fusion et du rééquilibrage du masculin et du féminin et sembleront être des expériences modérément androgynes ou inter-sexes. Cet inter-échange de sensualité ne devrait pas être considéré du point de vue de la moralité traditionnelle mais bien du point vue qu'un tel rééquilibre peut seulement contribuer à la paix sur la Terre.

Le mouvement unisexe est un exemple superficiel des tendances de la nouvelle race. L'éducation unisexe plonge profondément au sein de l'équilibre inhérent à l'âme ou Soi Supérieur. Lorsque ceci sera reconnu dans toutes les formes-pensées, et non mal interprété comme seulement masculin ou féminin, la guerre des sexes sera étouffée et la paix qui en résultera dans les relations humaines sera de nouveau ré-établie.[55]

Ainsi l'éducation dans les Régions Spirituelles portera non seulement sur le sujet de la création de « bons citoyens », mais aussi sur le sujet de l'ouverture des enfants de la nouvelle race à l'endroit du Sentier de l'Initiation, qui doit « implicitement » faire partie du curriculum,

---

[55] Le Maître Kuthumi transmit ce message au sujet de l'éducation des enfants de la nouvelle race à l'Amanuensis en mai 2006.

même si ce n'est pas exprimé explicitement. Si cette approche est choisie, toutes les inquiétudes sociales et l'adaptabilité de ces capacités innées se placeront et seront bénéfiques à la période de reconstruction.

Si les éducateurs dans les Régions Spirituelles approchent ce défi à partir du corps causal ou Soi Supérieur, ils seront en mesure de voir l'éducation du point de vue le plus élevé et de s'adresser à tous les corps qui fonctionnent ensemble sur le plan terrestre. Le comité éthérique de contrepartie communiquera ses idées, à partir d'un point de vue encore plus élevé, à sa contrepartie sur la Terre, et à travers cette coopération seront élaborées des modalités qui aborderont les aspects multidimensionnels et les multiples facettes d'une nouvelle approche de l'éducation.

« Cherchez et vous trouverez » sera le principe à l'œuvre entre le comité d'éducation et sa contrepartie éthérique, et les choix faits dans les Régions Spirituelles proviendront des efforts les plus élevés et reflèteront la lumière qui brille sur le Nouvel Âge d'Or. Nous débutons l'ascension avec l'élément vital de la nouvelle société — l'éducation — qui est un des moyens primordiaux de la Libération de l'Âme.

Le principe de base de ce « donner-et-prendre » est la fraternité. Celle-ci, ou la sœur-ité, si vous préférez, devrait imprégner tout le concept d'éducation dans le Nouvel Âge d'Or. Nous avons introduit précédemment le concept de Hiérarchie, où en certaines occasions l'étudiant peut être l'Hiérarque. L'humilité avec laquelle un éducateur approchera un étudiant sera ancrée dans l'AMOUR.

Les capacités extraordinaires de la nouvelle race ne sont pas si extraordinaires et doivent être considérées comme le processus par lequel l'humanité récupèrera ses facultés inhérentes, facultés qui ont été obscurcies par les formes-pensées des âges précédents. Avec une intelligence positionnée fermement dans la matière dense, le défi toujours changeant est maintenant de raffiner cette densité. Ce que nous nommons les « dons » de la clairvoyance, de la clairaudience et de la clairsentience, couplés à la capacité de communiquer télépathiquement et de manifester la réponse à ses besoins, sont des capacités naturelles que l'humanité possédait il y a des éons. Maintenant que l'humanité a fait l'expérience de l'existence sans elles, ces facultés ont d'autant plus évolué en importance. Que la vie aurait été plus facile au cours des siècles passés si l'humanité avait conservé ces facultés!

Cette leçon est apprise. C'est comme si on avait mis un bandeau sur les yeux de notre âme pour la forcer à marcher à l'aveugle. Nous avons eu à nous reposer sur la raison et la pensée rationnelle, sur la science et la technologie, pour voir à travers l'incertitude de l'existence. Ainsi les « aveugles », la Cinquième Race-Racine, doivent mener ceux qui ont la vision dans les modalités révolutionnaires de l'éducation du Nouvel Âge d'Or.

La pré-connaissance dans la nouvelle race

Un autre aspect de l'apprentissage impliquera la compréhension et la dissémination de la pré-connaissance incorporée dans les âmes des incarnations de la Sixième Race-Racine. Les enfants de la Sixième Race–Racine s'incarnèrent depuis le milieu des années 1940, un plus grand nombre arrivant à partir des années 1960. Au moment où la société de transition passera à l'action, les incarnations de la Sixième Race-Racine pourront donc être âgées jusque dans la soixantaine. Certains de ceux qui sont nés à partir des années 1970 portent en leur âme des connaissances qui seront pertinentes à la construction de la société de transition.

Tout au long de leur vie au cours de l'ère précédant 2012, ils se sont sentis « différents » et détachés de la société parce qu'il y avait quelque chose au plus profond d'eux-mêmes qui ne pouvait être exprimé. Les adeptes, utilisant des techniques de méditation appropriées et des sons-clé, activeront la libération de ces connaissances à partir de leurs âmes. Les individus accéderont à une banque de connaissances qui avaient toujours été intuitivement présentes. Certaines de ces connaissances concernent des technologies provenant d'évolutions supérieures, technologies qui aideront les Régions Spirituelles à s'adapter plus rapidement à leurs situations.

La Hiérarchie Spirituelle a planifié un « déclenchement » de cette pré-connaissance afin de créer l'ordre à partir du chaos, particulièrement lorsque les autres priorités de la reconstruction auront préséance sur la fonction éducative de la société.

4. Le mariage et l'équilibre des énergies masculine et féminine

Une des principales tâches de la société de transition sera d'équilibrer les énergies masculine et féminine. Cet équilibre est un résultat de la Libération de l'Âme, car au sein de l'âme ces énergies sont parfaitement équilibrées. Ainsi, l'équilibre masculin-féminin doit être atteint individuellement, et cet équilibre se transmettra naturellement à l'activité de groupe. *L'équilibre n'a que peu à voir avec le genre (sexe): c'est une question de manifestation de l'âme.* Attribuer un « genre » à l'actuel afflux d'énergies féminines est tombé dans le même piège que celui dans lequel sont tombées les énergies masculines dominantes.

Alors que les énergies masculine et féminine atteindront l'équilibre, le mariage, tel que le conçoit notre civilisation actuelle, disparaîtra. Cette tendance a déjà fait son apparition il y a quelques décennies. Au lieu d'un homme et d'une femme physiques mariés et représentant l'équilibre entre les énergies masculine et féminine, l'équilibre masculin-féminin se produira au sein de chaque individu, la vraie nature de l'âme se manifestant à travers des véhicules corporels mâles ou femelles. Ce rééquilibrage se produit déjà dans une grande portion de la communauté spirituelle. Dans la société de transition, le pairage ou le regroupement des individus se manifestera en accord avec la Loi d'Attraction, une âme équilibrée avec une autre, ou plusieurs âmes équilibrées ensemble.

Cependant, il sera nécessaire de définir certaines responsabilités pour les couples qui concevront des enfants. Il y a là une opportunité pour que la société de transition définisse les responsabilités des parents et de la société à cause du besoin évident du renouvellement de la race par l'arrivée de nouvelles âmes. En d'autres termes, la décision de concevoir un enfant pourra être assujettie à des décisions allant au-delà de l'étroit noyau familial. Le noyau familial de l'ère actuelle ne se transportera pas dans le Nouvel Âge d'Or, mais fera place à la conception d'un groupe familial plus étendu, peut-être comme l'expérience des kibboutz et des communes des années 1960, mais d'une manière plus organisée et moins chaotique.

5. La vie spirituelle et la religion

Les Régions Spirituelles seront libérées de la plupart de la *maya* astrale qui a créé des religions séparées et en guerre sur la Terre. Ces religions, de même que les non-affiliées, en viendront à réaliser que l'origine de toutes leurs croyances est la Sagesse Immémoriale. Leurs branches ésotériques, i.e. les soufis, les vajrayana, les gnostiques, etc., sont déjà parvenues à cette conclusion.

Ceux qui arriveront dans les Régions Spirituelles embrasseront aisément les Lois Cosmiques et abandonneront leurs croyances religieuses antérieures en faveur des enseignements plus œcuméniques de la Sagesse Immémoriale. Ceci pourrait être l'une des transitions les plus difficiles que les membres affiliés à une église auront à faire dans les Régions Spirituelles. En bref, il n'y aura aucune religion nominative dans les Régions Spirituelles parce que la spiritualité sera une partie intégrale de la fibre de la société elle-même.

Depuis déjà longtemps, un comité éthérique de la Hiérarchie Spirituelle travaille à fusionner tous les enseignements de ces premières religions au sein d'un unique enseignement spirituel mondial. Les membres du comité, d'anciens officiels de chaque religion, en sont tous venus à la réalisation, au moment de leur mort, que ce qu'ils ont prêché sur le plan terrestre n'était pas tout à fait juste. Afin de corriger ces enseignements selon les lois et les principes cosmiques dévoilés dans la Sagesse Immémoriale, ils ont formé ce comité de travail. Leur travail d'amour servira de préparation à la venue de l'Instructeur Mondial.

Les motivations de la vie

La vie dans les Régions Spirituelles sera motivée par un désir plus profond de servir. Vivre dans le but d'acquérir des biens matériels, le pouvoir ou des plaisirs ne satisfera plus les survivants. Quelque chose de plus élevé devra les motiver. Il n'y aura pas de centres commerciaux, aucun flot interminable de divertissements électroniques, plus jamais de guerres pour l'argent ou le pouvoir et plus d'industries pour titiller les sens. La vie sera relativement simple et l'humanité appréciera une fois encore les petites choses de la vie. L'éclosion d'un bouton de rose, le lever et le coucher du Soleil, la manière avec laquelle la nature communique avec l'homme, stimuleront une fois encore la co-association entre l'homme et son hôte, la Terre.

Le désir d'acquérir davantage de connaissances au sein du cadre de travail de la Loi Cosmique résonnera de nouveau en nos âmes — le *I AM* intérieur. La connaissance qui éveille la connaissance latente — la découverte — est une part importante de la Libération de l'Âme, et devrait motiver l'individu à chercher et chercher encore. Tous auront accès à cette connaissance abondante et à la sagesse de tout instructeur qu'ils souhaiteront. Un individu doit seulement demander et avoir un profond désir de connaître, et l'instructeur approprié et les circonstances se présenteront d'elles-mêmes, que ce soit physiquement ou éthériquement. Le désir pur et simple de connaître, la découverte, et ensuite la satisfaction de la compréhension mèneront à la manifestation de la connaissance dans la vie. Le progrès et l'évolution spirituelle deviendront de nouveau les principaux vecteurs de la vie.

ÉPILOGUE

La Libération de l'Âme

Dans ce livre, nous nous sommes concentrés sur les porteurs de lumière principalement parce qu'ils représentent le lien le plus important, mais le plus faible, dans la stratégie globale de la Hiérarchie Spirituelle au sujet du pralaya. Leur rôle guérisseur dans la crise politique et économique qui approche, leurs actions humanitaires au cours des Grandes Inondations des basses terres et des régions côtières, et leur leadership dans la mise en place des fondations d'un Nouvel Âge d'Or seront essentiels à la survie de notre civilisation actuelle.

Plusieurs porteurs de lumière ont déjà complété la récupération de leurs niveaux d'initiation et sont bien en chemin;ils se préparent à faire face aux défis que leur réserve l'avenir. Cependant, la majorité des porteurs de lumière languissent dans l'indécision née de l'égotisme et de la peur.

Avant cette incarnation, nous nous sommes ardemment portés volontaires pour cette incarnation, parce que nous avons vu le glorieux Plan pour cette ère et son but ultime de la Libération de l'Âme. Nos âmes ont vu quelque chose de si merveilleux que nous avons interrompu notre quête spirituelle personnelle sur le Sentier afin de revenir et d'aider l'humanité au moment où elle en avait le plus besoin. Nous avons tous vu que la vie dans les Régions Spirituelles permettrait finalement à l'âme de s'exprimer à travers une personnalité physique toujours plus raffinée, sans les entraves et les frontières que posent les systèmes économique, financier et bancaire, politique et social. Nous avons pu voir comment une civilisation reconstruite s'étendrait de par le monde sur une base complètement différente. La chance de reconstruire la civilisation sur une fondation spirituelle plus solide était si irrésistible que nous avons saisi l'opportunité de revenir parce qu'autrement il n'y aurait eu aucun espoir pour la race humaine que nous avons tant aimée.

Nous avons aussi vu que la contrainte-clé qui a tant freiné l'évolution de l'humanité serait éliminée une fois pour toutes. « Quelle opportunité de rendre les choses comme elles devraient être! » avons-nous déclaré. Le pralaya se produirait et éliminerait toutes les entraves construites par les Forces des Ténèbres autour de l'humanité. Nous avons vu l'effondrement inévitable de leurs systèmes lorsque la Terre éliminerait le vieux, en préparation pour le nouveau cycle, et ceci nous donna encore plus d'espoir de réorienter le chemin de l'évolution de l'humanité sur la bonne trajectoire.

Maintenant, nous avons une idée de ce qui nous attend. Les temps qui viennent ne seront pas faciles et seul un engagement ferme envers le dessein et la mission de votre âme vous permettra-t-il de passer à travers l'agitation et le chaos du pralaya. Viendront ensuite les rigueurs du travail avec la Hiérarchie Spirituelle, car il n'y a pas de compromis quant à la qualité qu'elle recherche des porteurs de lumière. Son but est que l'humanité puisse finalement libérer le potentiel de l'âme à travers la forme matérielle dans le but de démontrer les merveilles qu'elle peut créer, individuellement et collectivement, sur la Terre. Voilà l'essentiel de la Libération de l'Âme.

Si vous partagez toujours cette vision globale du monde, un Nouvel Âge d'Or d'âmes libérées, alors vous n'avez qu'à vous engager envers le Plan Divin qui le manifestera. C'est toujours une question de choix.

CHRONOLOGIE DES ÉVÈNEMENTS

2005 – 2012

- Grave crise économique et financière mondiale
- Armageddon / le processus de filtrage se poursuit à un niveau vibratoire plus élevé: folie générale
- L'économie mondiale touche le fond du baril et y demeure. Tous les efforts de rétablissement économique conventionnels sont sans succès
- La Troisième Guerre Mondiale commence, dans le but de faire travailler les gens
- Catastrophes reliées à l'eau: tsunamis, ouragans, élévation du niveau de la mer, inondation des basses terres et des régions côtières causées par la fonte des calottes glaciaires polaires et des régions de permafrost du monde
- Des Régions Spirituelles situées en terrain élevé commencent à se développer: préparation initiale

2013 – 2020

- Les catastrophes reliées à l'eau se multiplient, rendant de plus en plus de régions de faible élévation inhabitables

- Déplacements massifs de population vers des endroits plus élevés
- Les Régions Spirituelles prennent forme alors que les porteurs de lumière se frayent un chemin jusqu'à elles
- Période de Reconstruction: Des sociétés de transition commencent à se consolider dans les Régions Spirituelles

2021 – 2080

- Les Régions Spirituelles se consolident, expérimentant différents modes d'organisation et Lois Cosmiques
- Les principes de l'Instructeur Mondial s'écoulent sur les Régions Spirituelles et deviennent un lien commun entre elles
- Indications de changements continentaux majeurs. Dérive et mouvements commencent à perturber la surface de la Terre
- Les Régions Spirituelles deviennent davantage isolées physiquement les unes des autres à cause des changements terrestres, même si elles demeurent liées éthériquement

BIBLIOGRAPHIE

Bailey, Alice A. *A Treatise on White Magic or the Way of the Disciple*, New York: Lucis Publishing Company, 1934
_____*Initiation Human and Solar*, New York: Lucis Publishing Company, 1922
_____*Telepathy and the Etheric Vehicle*, New York: Lucis Publishing Company, 1950
_____*The Externalisation of the Hierarchy*, New York: Lucis Publishing Company, 1957
_____*A Treatise on Cosmic Fire*, New York: Lucis Publishing Company, 1925

Clow, Barbara Hand, *The Pleiadian Agenda*, Santa Fe, New Mexico: Bear and Co. Publishing, 1995

Cranston, Sylvia, *Helena Blavatsky—Founder of the Modern Theosophical Movement,* Santa Barbara: Path Publishing House, 1993

Innocenti, Geraldine, *Bridge to Freedom Collection of Channelings*, 1953

King, Godfre Ray (G. Ballard), *The Magic Presence*, Schaumburg, Illinois: Saint Germain Press, Inc., 1935
_____, *The Unveiled Mysteries*, Schaumburg, Illinois: Saint Germain Press, Inc., 1982

Leadbeater, C.W. *The Inner Life, vol. 1*, Adyar, India: The Theosophical Publishing House, 1910
_____, *The Masters and the Path,* Adyar, India: The Theosophical Publishing House, 1925.

Olcott, Henry Steele, *Old Diary Leaves Vol. 1*, Adyar, Inde: The Theosophical Publishing House, 1900

Powell, A.E., *The Astral Body and Other Astral Phenomena*, Adyar (Chennai) India: The Theosophical Publishing House, 1927
_____, *The Mental Body*, Adyar (Chennai) India: The Theosophical Publishing House, 2000
_____, *The Etheric Double*, Adyar (Chennai) India: The Theosophical Publishing House, 1925

Printz, Thomas, *The First Ray*, Bridge to Freedom, Mt. Shasta: Ascended Master Teaching Foundation, 1953

Sinnett, A.P, *The Mahatma Letters to A.P. Sinnett*, Adyar, Inde: Theosophical Publishing House

_____*Esoteric Budhism (sic)*, Reprinted by San Diego: Wizard Bookshelf, 1994

"The Heat is On," Special in the *Economist,* vol.380, no. 8494. 9-15 September, 2006

"It Rained in Antarctica this Winter," *La Presse de Montreal*, April, 2006

www.ingramcontent.com/pod-product-compliance
Lightning Source LLC
Chambersburg PA
CBHW060249100426
42742CB00011B/1694